在《汉语教程》基础上编写

可与《汉语教程》（第3版）衔接使用

第2版

登攀

杨寄洲 编著

中级汉语教程

第一册

上

北京语言大学出版社
BEIJING LANGUAGE AND CULTURE
UNIVERSITY PRESS

图书在版编目（CIP）数据

登攀：中级汉语教程．1．上 / 杨寄洲编著．-- 2 版．-- 北京：北京语言大学出版社，2017.12（2025.1 重印）
ISBN 978-7-5619-5071-5

Ⅰ．①登… Ⅱ．①杨… Ⅲ．①汉语－对外汉语教学－教材 Ⅳ．① H195.4

中国版本图书馆 CIP 数据核字 (2017) 第 296859 号

登攀 中级汉语教程（第 2 版）第一册 上
DENGPAN ZHONGJI HANYU JIAOCHENG (DI 2 BAN) DI-YI CE SHANG

责任编辑：王巧燕
英文编辑：侯晓娟
排版制作：北京创艺涵文化发展有限公司
责任印制：周 燚

出版发行：北京语言大学出版社
社　　址：北京市海淀区学院路 15 号，100083
网　　址：www.blcup.com
电子信箱：service@blcup.com
电　　话：编辑部 8610-82303647/3592/3395
国内发行 8610-82303650/3591/3648
海外发行 8610-82303365/3080/3668
北语书店 8610-82303653
网购咨询 8610-82303908
印　　刷：北京市金木堂数码科技有限公司

版　　次：2005 年 6 月第 1 版　2017 年 12 月第 2 版
印　　次：2025 年 1 月第 4 次印刷
开　　本：787 毫米 × 1092 毫米 1/16　印　　张：14
字　　数：238 千字　定　　价：48.00 元

PRINTED IN CHINA

前　言

《登攀——中级汉语教程》自2005年出版以来，一直得到对外汉语教学界的厚爱，被国内外很多教学单位选作教材。至今已经发行了十多年了。十多年来科技快速进步，经济飞速发展，中国社会发生了巨大的变化，原教材的有些内容显然已经过时，为了适应教学的需要，我们进行了必要的修订。

此次修订，替换了部分过时课文，同时增加了三个练习项目：会话、阅读和写一写。

《登攀——中级汉语教程》共两册（每册含上、下两个分册），内容与《汉语教程》（第3版）第三册衔接。适合本科二年级水平的汉语学习者使用一年，每课建议用8个学时（每学时50分钟）完成。当然，各教学单位可以根据自己的具体情况和教学对象灵活安排。

本教程的体例为：一、课文；二、生词；三、注释；四、词语用法；五、词语用法对比；六、练习。

一、课文

课文的编写原则是，注重选择故事性强、内容清新健康、文字优美规范的文章做素材，再经过编者仔细推敲，精心打磨，认真改写，以适用于课堂教学，力求达到教师好教、学生好学的目标。

课文内容以反映当代中国社会生活为主，也适当选编了几篇古代的故事。体裁基本是记叙文。之所以这么做，主要是考虑到这个阶段的学生，听说能力还亟待提高，讲故事比较容易为学生所理解和接受，也利于培养学生的成段表达能力。

课文后面都有一些问答题，这些问题可以在课堂上口头回答，也可以作为课外作业让学生笔头回答，用以检查学生对课文的理解能力和口、笔头表达能力。

二、生词

全部生词都加注了词性、拼音和英文翻译。

三、注释

凡课文中出现的难词、难句和需要讲解的相关文化背景知识，均列入此项。

四、词语用法

每课都挑选了几个重点词语或结构加以简要说明和例解，例句的编写尽量从外国留学生学习和使用汉语的角度和心理考虑，以满足他们在生活、学习或工作中的交际需要。

五、词语用法对比

到了中级阶段，汉语学习者自然地会遇到同义词或近义词用法的困惑，词语用法对比就是为帮助学生解除这一困惑而设置的。本教程每课挑选几对近义词语，加以简要说明，这样下来，两册书就有一百多对，如果学生能够掌握这些词语用法对比，就可为进入更高阶段的学习打下一个良好的基础。

六、练习

本教程的练习项目有：

（一）语音练习：包括“1. 辨音辨调”“2. 朗读”。“辨音辨调”可进一步巩固提高学生的语音能力；“朗读”选择了一些优秀的诗词，目的是借助诗词合辙押韵、朗朗上口的特点，进一步帮助学生练习语音语调。我们不强调对这些诗词的理解和记忆，但如果学生有兴趣学习，不无益处。

语音练习最重要的是朗读课文。教学实践证明，课文一定要求学生朗读十遍以上。（简写的“读”字正好是10画，读一遍画一笔，直到把“读”字完整写出，才算完成朗读任务。）凡是按照要求去做的学生，都能把课文背说下来。凡是完成这个任务的学生，他们的汉语水平都会有极大的提高。要说学好汉语有什么诀窍的话，就是：通过一遍又一遍的大声朗读，把课文背下来。

（二）词语搭配：选取一些搭配能力比较强的词，组成词组，帮助学习者掌握这些词语的用法。

（三）选词填空：有以下三种形式。第一种是选择十多个本课所出生词，编写句子，让学生把生词填入合适的句子中，这样一方面起到复习所学生词的作用，一方面可培养学生的造句能力。第二种是选择一对近义词的其中之一填空。第三种是选择本课或前面学过的四字格（主要是成语）填空，课文中没有出现成语时，则只有前两项。

（四）完成句子：目的是培养学生运用汉语的思维能力和表达能力。

（五）完成会话：目的是培养学生的提问和回答问题的能力。

（六）连句成段：目的是培养学生对汉语的语感，提高连句成段的能力。

（七）改错句：目的是培养学生正确运用汉语的能力。

（八）完成成语并用成语造句：目的是巩固所学成语，同时培养学生初步使用成语造句的能力。

（九）情景表达：这个练习是结合课文进行的，有以下两种形式：

A. 下面的句子什么时候说：列举两三个课文中出现的常用句，让学生将句子出现的语境说出来，目的也是培养成段表达能力。学生所说的语境应是结合自己实际生活和头脑中的知识图式而设置的，不应再是课文中的语境了。

B. 下面情景怎么说：让学生知道在什么情景下说什么话。学生说的，可以是课文中学过的词语或句子。

（十）综合填空：选择一篇短文，将七八个关键词语抽出，学生只要看懂了短文，基本可以填出所缺的词，目的是培养学生对汉语语段和语篇的认知和感悟能力。

此次修订，我们增加的三个练习项目是：

（十一）会话：希望学生通过朗读会话课文，进一步培养会话能力。

（十二）阅读：通过阅读短文，扩大词汇量，进一步培养学生独立阅读的能力。

（十三）写一写：培养学生初步的写作能力。要求学生以课文为范文，结合自己的实际，写一篇真实的、不少于三四百字的文章。

到了中级阶段，除了继续巩固提高学生的听说能力，更重要的是培养学生的读写能力。只具备听说能力，而不具备读写能力，是不可能成为一名优秀的汉语人才的。从培养学生成才的目的出发，此次修订，我们特别增加了阅读和写作练习，希望能引起师生的重视。尤其是“写一写”，基本上是学一课写一篇。这就要求任课教师加以指导，批改学生所写的文章。实践证明，批改留学生的作文，是一个十分有趣、十分快乐的工作，非常利于师生思想和感情的沟通和交流，希望大家充分享受这一快乐。

另外，为了增加教材的趣味性，除课文选材注重趣味性之外，我们还选了一些幽默的段子，放在“快乐汉语”一栏。“快乐汉语”不属课堂教学内容，目的是希望学习者读后会心一笑，放松心情。

中级阶段的教学任务仍然是以训练学生的言语技能和言语交际技能为主，要抓住这个主要矛盾，课堂上要少讲多练。再强调一遍：每课课文一定要求学生在理解的基础上，大声朗读十遍以上，做到熟读成诵。

扩大词汇量，训练学生的成段表达能力，是这个阶段课堂教学的题中应有之义。要充分利用课文提供的语境，让学生掌握课文中出现的词语（不仅是重点词语）的意义和用法，并引导学生利用这些词语表达自己的思想和感情。在听和读的基础上，努力提高学习者说和写的能力：说，要能正确流利地说一段话；写，要文通字顺地写一篇文章。这是中级阶段特别需要加强的。

希望教师和同学们在使用本教程之后，多提意见和建议，以便我们不断改进和更新。

本教程中的短文，不少选自国内一些报纸杂志，为适应教学需要，所有素材都进行了改写，这是要请原文作者谅解的，在此我们谨向原文作者表示诚挚的感谢。

编者

2017年3月

目　录
Contents

第一课
Lesson 1

罗文教授的实验

一 课文 Kèwén Text

1-1

能亲耳聆听世界著名的美籍华人科学家罗文教授讲课，实在是一件荣幸的事。因此，当研究生们踏着大红地毯来到三楼大教室坐定时，多少都有些难以抑制的激动。

差五分八点，服务员拉开门，罗文教授走了进来。他一头白发，一双明亮的眼睛微笑着，和蔼地向大家鞠了一躬，便开始讲课："诸位都知道，化学离不开实验，而实验离不开观察。我想，在我们初次见面的时候，请允许我做一个简单的实验，以考察一下诸位嗅觉的敏感程度。"

大家这才注意到桌子上放着两只玻璃杯。

"这两只玻璃杯，存放着两种气体，如果将它们混合在一起，便迅速反应，生成一种有刺激性的气味儿。好了，现在我就来做一下。"

罗文教授拿起两只杯子，两个拇指同时推开杯子上盖着的方玻璃，然后将一只杯子像倒水一样倒向另一只杯子。接着他屏住呼吸，放下杯子，很快地退到墙角，立刻第一排的人身子都向后仰，有的捂住了鼻子，接着是第二排，然后是第三排……罗文教授咳嗽了一声，好像传染了一样，大家立刻都咳嗽起来。

"你们闻到了什么气味儿呀？"

"像硫黄。"

"不，比硫黄的气味儿稍淡些。"

“有点儿怪味儿。”

“稀盐酸味儿。”

…………

“没有什么气味儿呀，我怎么一点儿也闻不出来？”大家回头一看，原来是那位穿工作服的年轻服务员在讲话。

几束不屑的目光，一片耻笑声。接着是一阵窃窃私语：“嘻嘻，瞎鼻子。”“我们那儿叫聋鼻子。”

“一个服务员，懂什么？”坐在后排的一位戴眼镜的女研究生挺有礼貌地朝那位服务员打了个手势，意思是请她出去。

罗文教授却颇感兴趣地指着服务员问大家：“她说了些什么？”

“她瞎说呢，说没有什么异常气味儿。”有人答道。

罗文教授的脸严肃起来，他向大家做了一个手势，止住大家的议论，说道：“这位年轻服务员说得对，而我们大家都是错的。这两只瓶子里，除了我们每天呼吸的空气外一无所有，又怎么能产生什么异常的气味儿呢？”他走下讲台，拿着玻璃杯让大家闻。真怪，什么味儿都没有了。

“错觉的产生在于迷信和盲从。”罗文教授走上讲台说，“有一个成语叫‘一呼百应’，应的人好像是经过了思考，但这种思考只是顺从权威的所谓‘思考’，实际上是盲从，而盲从的程度和‘呼者’的声望、地位成正比。可是，你们都是研究生啊，如果不克服这种心理，没有无拘无束的心态，就不可能做出任何创造性的成绩来。”

教授的话让研究生们陷入了沉思。

根据课文回答问题　Answer the questions according to the text

1. 罗文教授为什么要做这个实验？

2. 罗文教授是用什么做实验的？

3. 罗文教授是怎么做实验的？
4. 研究生们闻到了什么气味儿？
5. 为什么服务员闻不到气味儿？
6. 研究生们为什么说闻到了气味儿？
7. 这个故事说明了什么？

二 生词 Shēngcí　New Words

1-2

1.	实验	shíyàn	（名、动）	experiment; test
2.	聆听	língtīng	（动）	listen (respectfully)
3.	著名	zhùmíng	（形）	famous
4.	美籍华人	Měijí huárén		Chinese American
5.	荣幸	róngxìng	（形）	honored; privileged
6.	抑制	yìzhì	（动）	restrain; control
7.	明亮	míngliàng	（形）	bright
8.	和蔼	hé'ǎi	（形）	kindly; affable; amiable
9.	诸位	zhūwèi	（代）	(*used in addressing a group of people*) ladies and gentlemen; everyboby
10.	允许	yǔnxǔ	（动）	allow; permit
11.	嗅觉	xiùjué	（名）	(sense of) smell; olfaction
12.	敏感	mǐngǎn	（形）	sensitive
13.	玻璃	bōli	（名）	glass
14.	存放	cúnfàng	（动）	store; keep
15.	气体	qìtǐ	（名）	gas
16.	混合	hùnhé	（动）	mix; blend
17.	生成	shēngchéng	（动）	come or bring into being; produce
18.	刺激	cìjī	（动）	irritate; excite
19.	气味儿	qìwèir	（名）	smell; odor
20.	拇指	mǔzhǐ	（名）	thumb

21. 墙角	qiángjiǎo	（名）	corner of wall
22. 仰	yǎng	（动）	face upward
23. 捂	wǔ	（动）	cover
24. 传染	chuánrǎn	（动）	infect
25. 硫黄	liúhuáng	（名）	sulfur
26. 稍	shāo	（副）	a little; a bit; slightly
27. 怪	guài	（形）	strange; odd
28. 味儿	wèir	（名）	smell; odor
29. 稀	xī	（形）	thin; watery
30. 盐酸	yánsuān	（名）	hydrochloric acid
31. 不屑	búxiè	（动）	disdain (to do sth. not worth doing)
32. 耻笑	chǐxiào	（动）	hold sb. to ridicule; sneer at
33. 窃窃私语	qièqiè-sīyǔ		talk in a whisper; whisper
34. 聋	lóng	（形）	deaf; hard of hearing
35. 手势	shǒushì	（名）	gesture
36. 颇	pō	（副）	quite; rather
37. 异常	yìcháng	（形）	unusual; abnormal
38. 严肃	yánsù	（形）	serious; solemn
39. 一无所有	yìwúsuǒyǒu		have nothing at all; not own a thing in the world
40. 错觉	cuòjué	（名）	illusion; wrong impression
41. 迷信	míxìn	（动、名）	have blind faith in; superstition
42. 盲从	mángcóng	（动）	follow blindly
43. 一呼百应	yìhū-bǎiyìng		a hundred responses to a single call
44. 思考	sīkǎo	（动）	think deeply; ponder over
45. 顺从	shùncóng	（动）	be obedient to; submit to
46. 权威	quánwēi	（名）	a person of authority; authority
47. 所谓	suǒwèi	（形）	what is called; so-called
48. 声望	shēngwàng	（名）	prestige; reputation

49.	正比	zhèngbǐ	（名）	direct ratio
50.	心理	xīnlǐ	（名）	psychology; mentality
51.	无拘无束	wújū-wúshù		unrestrained; unconstrained; free and easy
52.	心态	xīntài	（名）	psychology; mentality
53.	创造	chuàngzào	（动）	create; produce
54.	陷入	xiànrù	（动）	be lost in; be immersed in
55.	沉思	chénsī	（动）	ponder; meditate; be lost in thought

三 注释 Zhùshì　Notes

1 因此，当研究生们踏着大红地毯来到三楼大教室坐定时，多少都有些难以抑制的激动

句中的“多少”是或多或少的意思。常和“一点儿、一些”等配合使用。例如：

1. 他多少会说一些英语。
2. 你多少吃点儿，不吃饭怎么行？

2 没有什么气味儿呀，我怎么一点儿也闻不出来

“闻不出来”是“动词＋得 / 不＋趋向补语”组成的可能补语结构。用的是趋向补语的引申意义。意思是鼻子分辨不出来是什么气味儿。同样结构的词语还有吃不出来、喝不出来、看不出来、听不出来等。例如：

1. 我听不出来这是谁唱的歌。
2. A：你看得出来这是谁写的字吗？
   B：看不出来。
3. A：这是什么酒你喝得出来吗？
   B：我很少喝酒，喝不出来。
4. A：你尝尝这个菜，是用什么做的？
   B：我吃不出来，是什么啊？

四 词语用法 Cíyǔ yòngfǎ　Usage of the Words

1 允许 yǔnxǔ（动）allow; permit

“允许”是动词，可以带小句作宾语。例如：

1. 请允许我做一个简单的实验，以考察一下诸位嗅觉的敏感程度。
2. 请允许我先介绍一下，这位是马经理，这位是刘校长。
3. 不经过别人允许，不能用人家的东西。
4. 决不允许这种不良图书影响青少年的身心健康。

2 以 yǐ（连）in order to; so as to

连词“以”用于第二个分句之前，表示目的。含有“用（前一个分句表示的动作行为）的目的是……”的意思。例如：

1. 请允许我做一个简单的实验，以考察一下诸位嗅觉的敏感程度。
2. 公司决定采用国产品替代进口产品，以节约外汇。
3. 这篇课文还要再修改一下，以减少生词量。
4. 要把事实真相公之于众，以正视听。

3 像 xiàng（副、动）resemble; be like

副词“像”表示好像，猜测。动词“像”表示在形象上相同或有某些共同点。例如：

1. “你们闻到了什么气味儿呀？”“像硫黄。”
2. 今天热得有点儿像夏天。
3. 她漂亮得像电影演员。
4. 你们姐妹俩长得真像。

4 稍 shāo（副）a little; a bit; slightly

也说“稍微（shāowēi）”。表示数量不多或程度不深。例如：

1. 不，比硫黄的气味儿稍淡些。

2. 你稍等一会儿，我回去换一下衣服。
3. 学习中级汉语，我觉得稍有点儿难。

5 在于 zàiyú（动）lie in

“在于”表示正是，就是，用来指出事物的本质或事物以什么为内容，还表示某种情况与结果是由什么决定的。例如：

1. 错觉的产生在于迷信和盲从。
2. 学校教育的目的在于为社会培养合格的人才。
3. 这次事故的原因在于不按照安全规定办事。
4. 学习成绩的好坏主要在于个人是否努力。

6 所谓 suǒwèi（形）what is called; so-called

“所谓”是形容词，有两种含义：①（某些人）所说的（含不承认的意思）；②（通常）所说的，多用来提出需要解释的词语，接着加以解释。例如：

1. 有一个成语叫“一呼百应”，应的人好像是经过了思考，但这种思考只是顺从权威的所谓“思考”，实际上是盲从，而盲从的程度和“呼者”的声望、地位成正比。
2. 所谓 HSK，就是汉语水平考试。
3. 所谓普通话，实际上就是指现代汉语的标准语。

“所谓”还常用于批驳，引述别人说的词语，然后加以批驳。例如：

4. 你所谓的“自由”，在当今世界上是根本不存在的。

7 任何 rènhé（代）any; whichever; whatever

“任何”表示不论什么。作定语修饰名词时一般不带“的”。例如：

1. 如果不克服这种心理，没有无拘无束的心态，就不可能做出任何创造性的成绩来。
2. 学任何语言都要多听、多说、多写、多练，不然是学不好的。
3. 只要你有决心，任何困难都能克服。
4. 人是社会关系的总和，任何人都无法离开社会而生活。

五 词语用法对比 Cíyǔ yòngfǎ duìbǐ Compare the Usage of the Words

1 其实 qíshí（副） 实在 shízài（副、形）

其实：[actually; in fact] 表示所说的是实际情况。

实在：[actually; in fact] 其实。

[honest; dependable] 诚实；不虚假。

[indeed; really] 的确。

其实/实在不难　　其实/实在挺好　　其实/实在不是

心眼儿实在/*其实　　为人实在/*其实　　实在/*其实太好了

实在/*其实抱歉

“其实”是副词，“实在”既是副词又是形容词。副词“实在”有“其实”的意思，但是，“实在”多放在形容词前边作状语，“其实”既可以放在形容词前面作状语，也可以放在第二个句子的开头，表示转折。例如：

1. 我实在/其实不知道她去哪儿了。
2. 你看他像中国人，其实/*实在他是泰国人。
3. 你说都懂了，其实/*实在并没有懂，所以练习都做错了。

“实在”可以用于感叹句，“其实”不能。例如：

4. 你能带我去，实在/*其实太好了！要不，我自己真找不到那个地方。

汉语还有一个“实在”，读 shízai；[(of work) well-done; done carefully] 是工作做得扎实、地道、不马虎的意思。例如：

5. 你看这活儿做得多实在/*其实。

2 因此 yīncǐ（连） 所以 suǒyǐ（连）

因此：[so; therefore; for this reason; consequently] 因为这个（即上句所说的事情或情况）。

所以：[(*used to introduce a clause of result, preceded by a clause of reason or cause with or without the introductory word* 因为 *or* 由于) as a result; so;

therefore] 用在下半句表示结果。

[(*used between the subject and the predicate of a clause of result and followed by a clause of reason or cause introduced by* 是因为 *or* 由于) the reason why] 用在主语和谓语之间，提出需要说明原因的事情，后面说明原因。

[that's just the reason; that's just the point] 单独成句，表示"原因就在这里"。

用"因此"时，前半句不能用"因为"或"由于"，用"所以"时前半句有没有"因为"或"由于"都可以。例如：

1. 大熊猫是濒临灭绝的珍稀动物，因此 / 所以要好好保护。
2. 我们俩是同学，又同在一个单位工作过，因此 / 所以我对她比较了解。
3. 因为不舒服，所以 /* 因此晚上我不想去看京剧了。

"所以"可以用于前半句，"因此"不能。例如：

4. 他所以 /* 因此能取得好成绩是因为平时学习非常努力。

"所以"可以用在主语和谓语之间，"因此"不能。例如：

5. 妈妈突然住院了，我只好去照顾她，这就是我所以 /* 因此没有来的原因。

3 便 biàn（副、连） 就 jiù（副、连）

便：[(*used in the same way as* 就, *but more formal*) in that case; then; as soon as]就。

就：[at once; right away] 表示在很短的时间内。

[as early as; already] 表示事情发生得早或结束得早。

[as soon as; right after] 表示前后事情紧接着。

[in that case; then] 表示在某种条件或情况下自然怎么样（前面常用"只要、要是、既然"等或含有这类意思）。

[as much as; as many as] 表示对比起来数目大。

[as is expected] 表示原来或早已这样。

[only; merely; just] 仅仅；只。

[just; simply] 表示坚决，加强肯定。

[exactly; precisely] 表示事实正是这样。

“便”的意义和用法基本上跟“就”的某些意思相同，用于书面；“就”口语和书面语都常用。例如：

1. 他去年便/就来中国了。
2. 这几天不是刮风便/就是下雨。
3. 她一下课便/就去图书馆了。
4. 只要你努力便/就一定能学好。
5. 就/*便是你不去，我也要去。

“就”表示很少，有“只”的意思，“便”没有这个意思。例如：

6. 我们班就/*便一个非洲学生。

“就”有强调事实正是如此的意思，“便”没有这个用法。例如：

7. 词典就/*便在我桌子上，你自己去拿吧。

“就”表示原来或早已这样，“便”没有这个用法。例如：

8. 对外国人来说汉字本来就/*便难。

“就”表示坚决，加强肯定，“便”没有这个意思。例如：

9. 我就/*便不信我学不会开车。

4 然后 ránhòu（连） 以后 yǐhòu（名）

然后：[then; after that; afterwards] 表示紧接着某个动作之后。

以后：[after; afterwards] 现在或所说某个时间之后的时间。

然后/以后再说　　先学生词然后/*以后学课文

学然后/*以后知不足　　从今以后/*然后　　毕业以后/*然后

结婚以后/*然后

“然后”只能单用，“以后”可以单用也可以跟在其他词语后边一起用，表示在某个具体时间之后。例如：

1. 我先去银行取钱，然后/*以后再去超市买点儿东西。

2. 他们打算先去西安、成都和重庆，然后 /* 以后游览长江三峡。
3. 让我先想想，然后 /* 以后再告诉你。
4. 他大学毕业以后 /* 然后一直在这个研究所工作。
5. 每天起床以后 /* 然后我都去操场锻炼。
6. 我现在正在进修汉语，以后 /* 然后做什么，还没有想好。

5 实际上 shíjìshàng（副）　其实 qíshí（副）

实际上：[in fact] 承上文转折，表示所说的是客观存在的事实和情况。

其实：[actually; in fact] 表示所说的是实际情况（承上文含有转折的意味）。

二者都是副词，它们都可用在复句的第二个分句前，接续前一句的意思往下说，说明上文所说的不是真实的，需要用下文纠正或更正，一般情况下，二者可以互换。例如：

1. 都说汉语难学，实际上 / 其实并不像我想象的那么难，只要努力，一定能学好。
2. 我以为他也是外国人呢，实际上 / 其实他是中国新疆人。
3. 他看上去很年轻，实际上 / 其实已经快五十了。
4. 你从地图上看，当然离这儿不远，实际上 / 其实很远，坐火车要十多个小时呢。

"实际上"可以作定语，相当于"实际"，"其实"不能。例如：

5. 我到那里一看实际上 /* 其实的情况，比我想得好得多。

六 练习 Liànxí　Exercises

1 语音 Phonetic exercises 1-3

1. 辨音辨调　Distinguish the pronunciations and tones

实验 shíyàn	试验 shìyàn
著名 zhùmíng	出名 chū míng
抑制 yìzhì	一直 yìzhí
刺激 cìjī	司机 sījī

不屑 búxiè	不写 bù xiě
手势 shǒushì	收拾 shōushi
异常 yìcháng	一场 yì chǎng
心理 xīnlǐ	心里 xīnli

2. 朗读　Read aloud the following poem

dēng guàn què lóu
登鹳雀楼
táng wáng zhī huàn
（唐）王之涣
bái rì yī shān jìn　huáng hé rù hǎi liú
白日依山尽，黄河入海流。
yù qióng qiān lǐ mù　gèng shàng yì céng lóu
欲穷千里目，更上一层楼。

2 词语　Read aloud the following phrases

著名教授	著名作家	著名的城市	很著名
非常荣幸	感到荣幸	十分荣幸	荣幸得很
情况异常	气味儿异常	异常惊讶	有点儿异常
心理状态	心理健康	心理医生	顾客的心理
学术权威	理论权威	迷信权威	顺从权威
独立思考	不要迷信	不能盲从	创造奇迹
窃窃私语	一无所有	一呼百应	无拘无束

3 选词填空　Choose the words to fill in the blanks

A. 迷信　不屑　陷入　怪　荣幸　错觉　稍
所谓　心理　著名　抑制　传染　允许

1. 能有机会向这位著名教授学习，我感到十分__________。
2. 请__________我代表公司向大家表示热烈的欢迎。
3. 他一个人得了感冒，结果把我们全家都__________上了。

4.《红楼梦》是中国一部__________的长篇小说。
5. 这个菜__________淡了一点儿。
6. 保持__________健康非常重要。
7. 要学会独立思考，不应该盲从，更不能__________权威。
8. 我总觉得这种水果有一种__________味儿。
9. 要__________消极的心理暗示，使自己始终保持积极向上的心态。
10. 有些年轻人__________于干小事，总想干大事，其实，要想成就大事业，必须从小事做起。
11. __________“不到长城非好汉”，表达的是一定要实现理想、达到目的的决心。
12. 因为你对他很热情，所以使他产生了__________，以为你喜欢他。
13. 她最近__________了一场三角恋爱之中，非常苦恼。

B. 无拘无束　一呼百应　一无所有　窃窃私语

1. 我看他们俩__________了好半天，不知道在说什么。
2. 只有保持__________的心态，才可能有所发现，有所创造。
3. 他在我们这里是个很受尊敬的领导，可以说是__________。
4. 公司破产了，他现在可以说是__________了，没想到，出来帮助他的竟是他的前妻。

C.

1. __________汉语并不难学，只要坚持每天上课、每天练习，就能学好。（其实　实在）
2. 他为人__________，所以大家都愿意跟他打交道。（其实　实在）
3. __________抱歉，我下午有事，不能陪你去。（其实　实在）
4. 因为大家都没有时间，__________只好我自己去了。（因此　所以）
5. 他决定一毕业__________去他父亲的公司上班。（就　便）
6. 他__________住在学校附近的一所公寓里。（就　便）

7. 他回国＿＿＿＿＿我们就很少联系了。（然后 以后）
8. 我想先去云南旅游＿＿＿＿＿再回国。（然后 以后）
9. 难怪她长得一点儿也不像她妈妈，原来她们不是＿＿＿＿＿的亲母女。（实际上 其实）

4 完成句子 Complete the following sentences

1. ＿＿＿＿＿＿＿＿＿＿＿＿＿＿就是在美国出生的中国人。（所谓）
2. 学校不会＿＿＿＿＿＿＿＿＿＿＿＿＿＿＿＿＿＿＿＿＿。（允许）
3. ＿＿＿＿＿＿＿＿＿＿＿＿＿＿＿＿＿，我的心情难以抑制地激动起来。（当……时）
4. 我常看电视，听广播，＿＿＿＿＿＿＿＿＿＿＿＿＿＿＿＿。（以）
5. 对同学们来说，提高汉语水平的主要方法＿＿＿＿＿＿＿＿＿＿＿＿＿＿＿＿＿＿＿＿＿＿＿＿＿＿＿＿＿＿＿＿＿＿。（在于）
6. 这篇文章写得不错，只要＿＿＿＿＿＿＿＿＿＿＿＿＿＿＿。（稍）
7. 对一个研究生来说，＿＿＿＿＿＿＿＿＿＿＿＿＿＿＿，就不可能做出什么成绩。（如果）
8. ＿＿＿＿＿＿＿＿＿＿＿＿＿＿，都要有一种科学的态度。（任何）

5 完成会话 Complete the following dialogues

1. A：请问，张经理在吗？
   B：＿＿＿＿＿＿＿＿＿＿＿＿＿＿＿＿＿＿，他马上就来。（稍）
2. A：这个菜的味道怎么样？
   B：＿＿＿＿＿＿＿＿＿＿＿＿＿＿＿，最好再加一点儿盐。（稍）
3. A：老师，在提高听说能力的同时，如何提高读写能力呢？
   B：＿＿＿＿＿＿＿＿＿＿＿。只有多读，才能扩大知识面和词汇量；只有多写，才能会写，也才能不断提高写作能力。（在于）
4. A：什么叫“南水北调”？
   B：就是把中国南方的水调到中国北方来，＿＿＿＿＿＿＿＿＿＿＿＿＿＿＿＿＿＿＿＿＿＿＿＿＿＿＿＿＿＿＿＿＿＿。（以）

5. A：“一呼百应”是什么意思？
B：______________________________，很多人响应。（所谓）
6. A：你闻闻这是什么味儿？
B：我感冒了，______________________________。（闻不出来）

6 连句成段 Rearrange the sentences into a paragraph

A. 因此，我们的一言一行都很重要
B. 语言是人们用来交流思想、表达感情的工具
C. 在国际交往越来越频繁的今天，一个人不仅仅代表个人，有时也代表着你的公司、单位，有时还代表着一个民族、一个国家
D. 尤其是在国际性大都市，在有各国或各族人民聚居的地方，我们更要注意自己的言谈举止，友好地对待别人
E. 如果我们使用得好，不但能够把自己美好的感情传达给别人，增进相互之间的了解和友谊，而且还有利于各国人民之间的团结和友爱

____

7 改错句 Correct the sentences

1. 冬天太冷了，我们班的同学纷纷有病。

____

2. 这家饭店的屋子一间间都布置得很漂漂亮亮。

____

3. 下雪的时候，我常常跟弟弟在院子里建筑雪人。

____

4. 我 2001 年出生了，在农村。

____

5. 我们告别以后再没有见面过，我很把她想。

____

6. 我昨天看见她在操场散散步，就问她："你是不是又想想家了？"

____

8 完成下列成语并造句 Complete the following idioms and make sentences

1. 无拘无____　　2. 一呼____应　　3. 一无所____　　4. 窃窃____语

9 情景表达 Situational expressions

1. 下面的句子什么时候说？
（1）我感到十分荣幸。
（2）你懂什么？
（3）这人真怪！

2. 下面情景怎么说？
（1）和人初次见面要做自我介绍时，怎么说？（请允许）
（2）一个学生提了一个好建议，全班同学都说好，这种情景怎么说？（一呼百应）
（3）有的学生对教授说的不加思考，不做分析，认为肯定都是对的。你不赞成这种行为，要怎么说？（盲从）

10 综合填空 Cloze

答案不止一个

教授收了四个学生，他们分别来（1）________中国、美国、俄罗斯、日本。开学第一天，教授让他们解决一个问题：桌上有一个烧杯，杯子里有水，比水面低一点儿的杯壁上有一个小孔，水从孔里不断流出。现在要解决的问题是：怎样迅速制止杯中的水向外流？教授给四个学生一天的思考时间，要求他们第二天把各自的方法演示一遍。

美国学生看了一眼烧杯便走了。

中国学生打量了一下也走了。

俄罗斯学生端起杯子仔细观察（2）________一阵，然后离开了教室。

日本学生拿着尺子围着烧杯量了半天，记录下一串数字，最后一个离开了教室。

美国学生回到宿舍若无其事地喝（3）________咖啡，玩儿着电子游戏，晚上又看电视看到深夜。一天里他都没有想过烧杯的问题。

中国学生想：虽然是小题大做，但是也不能丢人现眼。因为胸有成竹，所以晚上他早早便睡了，以使自己第二天精神饱满地进行演示。

俄罗斯学生查阅资料，寻找工具，认真准备。他想自己代表俄罗斯，自己的办法一定要领先于其他同学。因此，他从白天一直忙（4）________晚上十点多。

日本学生一整天都是在电脑前度过的。晚上他打印了一叠材料，然后冲了个热水澡，才上床睡觉。

第二天，教室里坐满了观众。教授首先向大家介绍了四个学生，然后请他们上台演示。

俄罗斯学生第一个上台。他从手提箱里取出了一支像钢笔一样的东西，带着一条管线走到烧杯旁，只见他一按"钢笔"上的开关，"钢笔"就发出"嗡嗡"的响声，接着他用"钢笔"对准杯上的小洞，轻轻一点，便把烧杯上的小孔堵住了。如果不仔细看的话，看不出来烧杯上曾经有过一个小孔。全场观众爆发出热烈的掌声。大家都佩服俄罗斯学生真有办法。

第二个上台的是中国学生。他把一张小纸片沿着杯子内壁贴到小孔处。水的压力作用使纸片紧贴杯壁，小孔立即停止流水。全场再次响起长时间的掌声。大家都佩服中国学生具有独特的思维。

第三个上台的是日本学生，他在烧杯底部有小孔的一边垫上了几枚硬币，由于杯子倾斜，小孔高出了水面，水不再泄漏。全场的掌声再次响起，大家都称赞日本学生聪明。

最后该美国学生上台。他上台前问前三位同学："谁愿意把您的技术转让给我？"俄罗斯学生闭口不答。中国学生看不（5）________美国学生这种金钱万能的做法。只有日本学生微笑着表示可以考虑。于是美国学生和日本学生做了一（6）________交易。日本学生把昨夜打印好的材料高价卖给了美国学生。材料上详细说明了水面到小孔的距离，应垫硬币的数量，同时还给出了烧杯可倾斜最大角度的计算公式。

美国学生上台把日本学生的办法重复了一遍。这次观众没有鼓掌，还有人在喊："那是日本学生的办法。"美国学生耸耸肩微笑着说："对！这是日本学生的办法，（7）________我已根据自己的需要，投资引进了这项技术。在我们美国使用的先进武器中，也少不（8）________日本的技术！"全场第四次响起了掌声。

教授微笑着说："你们的成绩都是'优'！俄罗斯学生的方法最先进，中国学生的方法最巧妙，日本学生的方法最经济，美国学生的方法最实用！看来问题的答案（9）________止一个，只要大家开动脑筋，（10）________会想出各种解决问题的方法。"

小词典

1.	制止	zhìzhǐ	（动）	stop; prevent
2.	演示	yǎnshì	（动）	make a presentation
3.	若无其事	ruòwúqíshì		as if nothing had happened—calm; indifferent
4.	小题大做	xiǎotí-dàzuò		make a fuss over a trifle; make a mountain out of a molehill
5.	丢人现眼	diūrén-xiànyǎn		make a fool of oneself; make a spectacle of oneself
6.	胸有成竹	xiōngyǒuchéngzhú		have a well-thought-out plan
7.	领先	lǐngxiān	（动）	take the lead; lead
8.	压力	yālì	（名）	pressure
9.	转让	zhuǎnràng	（动）	transfer the ownership of; make over
10.	耸肩	sǒng jiān	（动）	shrug one's shoulders
11.	巧妙	qiǎomiào	（形）	ingenious; clever
12.	开动脑筋	kāidòng nǎojīn		use one's brains

11 会话 Dialogue

话说扎堆儿

甲：我看到一种很有趣的现象。

乙：什么现象？

甲：我发现北京人爱扎堆儿。

乙：扎堆儿？什么叫扎堆儿？

甲：比如说，公园里，如果有两个人在下棋，周围一定围着一堆人在看热闹，这就叫扎堆儿。

乙：啊，这有什么奇怪的呢？足球场上，只有二十几个人在踢球，周围不是有几万人甚至十几万人在疯狂地边看边喊吗？更不要说电视机前的球迷啦。

甲：这不一样。

乙：怎么不一样？我看差不多。

甲：你不喜欢足球，你不懂。再比如说，要是街上发生了什么事，比如出个交通事故什么的，围着看热闹的人就更多了。

乙：交通事故有什么可看的呢？

甲：可是一些人就喜欢看。有人开过一个玩笑。他站在街边，故意仰脸向天上看去，不一会儿，很多行人也停下来，跟他一起仰脸向天上看，看的人越来越多，以至影响了交通。警察忙过来问他们在看什么，结果谁也说不上来。因为除了蓝天白云，没有什么可看的。但是，大家就那么一个接一个地仰起脸看。有一次，我刚出校门，就见很多人围在一起，我也好奇地走了过去……

乙：你也受传染了。

甲：是，是。我走过去一看，你猜怎么着？

乙：怎么了？

甲：原来是汽车轧死了一只猫。

乙：这是不是一种盲从的心理？

甲：对，对事物不做独立的观察、思考和判断，看别人怎么做，自己也盲目地跟着去做，我想这是一些北京人不好的习惯。

乙：这哪里只是北京人的毛病啊？这种“集体无意识”的盲从，实际上是人的通病。你想想看，明明是错误信息，却能在网上或微信上风传，这种荒唐事，我们见得还少吗？

甲：这些怪现象确实都在这个世界上发生过，但这跟我说的扎堆儿有什么关系啊？我发现你这个人就爱抬杠。

乙：我说的是正经事。人有病，天知否？

甲：要先问问你自己知道不知道啊，与天有什么关系嘛？

小词典

1. 扎堆儿	zhā duīr	（动）	flock together
2. 疯狂	fēngkuáng	（形）	crazy
3. 轧	yà	（动）	run over; roll
4. 通病	tōngbìng	（名）	common failing; common fault
5. 风传	fēngchuán	（动）	according to the rumor
6. 荒唐	huāngtang	（形）	absurd; ridiculous
7. 抬杠	tái gàng	（动）	argue for the sake of arguing

12 阅读 Reading

答案在哪里

五年前，我在英国南部的一个商学院读MBA（工商管理硕士）。

那是一个星期一的上午，新来了一个叫罗吉尔（Luójí'ěr）的教授，他准备了一系列问题，全部折成小纸条放在一个盒子里。我们逐个上去抽签，念出上面的句子——通常是一个案例分析或者名词解释。比如“怎样使处在信任危机中的保险公司起死回生”，或者“怎样才能在十分钟内让一个完全不懂经济的人理解‘边际成本’这个词的含义”之类。轮到我了，我走上前去抽到的是：怎样才能吃到真正的苏格兰牛肉？当我小声地念出上面的问题后，全班顿时哄堂大笑。要知道，为了给新教授留个好印象，周末我已经为这堂课整整准备了两天，但现在，恐怕再给我十天，也很难从任何一本书或者一个案例中找到答案了。

这个老头儿，他一定想吃苏格兰牛肉想得快要发疯了。我一边暗暗地抱怨着，一边皱着眉头走下讲台。

还好，他给了我们一个星期的准备时间，下周一再进行检查。

从那天起，准确地说，是从那节课结束以后，我就陷入了一种盲目的寻找之中。只要一有时间，我就钻进图书馆，查阅各种有关牛肉的书籍，但它们和经济学的距离实在是太远了。有很多的专业名词我根本看不懂，更别说找到这样一个奇怪问题的答案了。

星期三下午，通常是篮球训练的时间，我当然没有去——作业还没有完成呢！晚饭的时候，我的朋友洛克（Luòkè）来了。他是一个来自非洲的小伙子，我们是在打篮球的时候认识的。

“谢，你为什么不去参加训练呢？”

“我都快急死了，哪里还有空儿去打球啊？”当我讲出我的难题，洛克竟然笑了：“小菜一碟儿啦！不要太着急，我有办法的。相信我吧，一定没问题。”

不是我不信任他，实在是除了打篮球，我真的看不出他有哪一点值得我去相信他。他似乎看出了我的疑虑，拍拍我的肩：“没问题就是没问题。反正像你这样天天泡图书馆也是大海捞针，没什么希望，不如跟我打个赌。就赌一顿苏格兰牛肉怎么样？”

到了星期五，洛克还没有跟我联系，我有些坐不住了，向篮球队的其他队员打听清楚之后，就去了他的宿舍。他和别人合租了一套公寓，院子里种了许多菜，绿油油的，还有大朵大朵的花。我在窗外叫了两声，他出来了，手里拿着一个大风筝。

“怎么样？是我自己做的。”他得意地说。

“嗯，真漂亮。”我心不在焉地应付着。

“哈哈，瞧你急的，离星期一不是还有两天吗？”

“可是，可是……”我不知该怎么说才好，难道说我对他不够信任吗？

“哎呀，你瞧这么好的天气，我们一块儿去放风筝好了。”放风筝？我都有十年没放过风筝了。

他把风筝塞到我的手里，自己拿着线向山顶上跑去，边跑还边回头："你们中国人不是最会放风筝的吗？这个风筝就是一个台湾女孩儿教我做的。你可要好好帮我一下，我要把它放得高高的！"

我有些无奈地笑了笑，跟着他往山顶走去。

说真的，那个下午玩儿得很愉快，风筝很漂亮，飞得也很高。

星期六又是篮球训练的日子，我去了，却一个球也投不进去。星期天学校组织了一场募捐活动，我又在志愿者的人群中发现了洛克。他一会儿爬上桌子进行演讲，一会儿整理募捐到的各种钱物，忙得团团转。募捐活动直到晚上七点才结束。趁他们收拾东西的片刻，我走了过去。

"洛克，我明天就要交作业了，答案呢？你想出来了吗？"

"当然啦！你看我像一个不讲信用的人吗？"他笑着，露出两排洁白整齐的牙齿，"别忘了，罗吉尔教授问的是'怎样才能吃到真正的苏格兰牛肉？'，我已经请一个苏格兰同学带了一点儿过来。嗯……你得明白，'吃到'和'大吃一顿'是两个完全不同的概念。"

洛克顿了一下，又说："你得学会打破常规。"

结果可想而知。当我在星期一的课堂上讲出答案的时候，竟得到了罗吉尔教授赞许的笑容和热烈的掌声。教授说，其实他自己也不知道答案是什么，但他希望我们能有创造性的思维。

他说："谢，你做得非常好！"我想起了洛克，是他做得好，不是我。

后来，我和洛克一起，还有罗吉尔教授，在本城一家最好的饭店，吃了一顿极其丰盛的苏格兰牛肉，味道好极了！从那以后，我在做市场推广的过程中，曾经遇到过许多看起来"不可能解决"的问题，我总会去找一个西餐厅，叫一块苏格兰牛肉，然后试着让自己像洛克一样轻松，去打一场篮球或者看一场电影，再跳出我们的思维习惯，打破常规，得到一个最好的答案。

（根据谢无双的文章改写，选自《女报》）

小词典

1. 危机　　wēijī　　（名）crisis

2.	起死回生	qǐsǐ-huíshēng		(of a doctor's skill) bring the dying back to life; snatch a patient from the jaws of death
3.	哄堂大笑	hōngtáng-dàxiào		the whole room rocking with laughter
4.	抱怨	bàoyuàn	（动）	complain; grumble
5.	皱眉头	zhòu méitóu		knit (or contract) one's brows; frown
6.	疑虑	yílǜ	（名）	doubt; misgivings
7.	大海捞针	dàhǎi-lāozhēn		fish for a needle in the ocean; look for a needle in a haystack
8.	打赌	dǎ dǔ	（动）	bet; wager
9.	心不在焉	xīnbúzàiyān		absent-minded; inattentive
10.	风筝	fēngzheng	（名）	kite
11.	信用	xìnyòng	（名）	trustworthiness; credit
12.	打破	dǎ pò	（动）	break
13.	常规	chángguī	（名）	convention; common practice

读后判断下列句子的正误：对的划√，错的划 ×

Read and decide whether the following statements are true (√) or false (×)

1. “我”是个中国留学生。（　　）
2. “我”学的专业跟牛肉有关。（　　）
3. “我”在打篮球时认识了一个非洲小伙子——洛克。（　　）
4. 教授让“我”回答的问题竟是“怎么才能吃到真正的苏格兰牛肉”。（　　）
5. 为了找到这个问题的答案，“我”去图书馆查了很多资料。（　　）
6. 洛克说他有办法帮“我”找到问题的答案。（　　）
7. “我”对洛克很信任。（　　）
8. 其实问题的答案很简单，只是“我”把它想得太难了。（　　）
9. 一个苏格兰同学给“我”带来了一块牛肉。（　　）
10. 教授出这些问题的目的是培养学生的创造性思维。（　　）

13 写一写 Writing

写一个自己在学习中遇到的小故事。要求：真实，不少于300字。

快乐汉语 Happy Chinese 1-4

（一）

大学生正在进行军事训练。班长命令："抬起左腿，伸向前方。"

一个学生因为过于紧张把右腿伸了出来，正好和旁边同学的左腿并在了一起。

班长看见了十分恼火，大声喊道："喂，那是谁呀？怎么把两条腿都抬起来了？"

（二）

甲在街上看见乙，连忙跑过去，俩人热情地握手、拥抱。分手后，乙想："她是谁啊？瞧，怎么把人家的名字都忘了？"甲想："咳，我刚才认错人了。"

第二课
Lesson 2

我等你

一 课文 Kèwén Text

2-1

最近两个星期以来，我一直处于一种兴奋的状态中，因为我收到了她发来的短信。

事情还得从头说起。来中国以前，我在国内的一所语言学校学过一年汉语。上的是业余班，每星期只有两次课，时间是晚上七点到九点。那个班上除了我以外，都是中老年人。我这个人爱热闹，跟他们在一起我简直无话可说，所以常常感到孤独。我多么希望有个年轻的同伴儿啊！

在我学了将近半年的时候，班上来了一位姑娘，她叫梅香，是大二的学生，专业是中国旅游地理。已经学了两年汉语了，但只能看书，口语不太好，所以也到这个班上来了。

我第一眼看见她，就觉得她长得很美，高高的个子，大大的眼睛，举止端庄文雅。后来发现她的性格又是那么温柔、开朗，总是那么快活，整个人好像是透明的，心里想什么，都流露在脸上。让人一眼就能看到她的心。她的到来使我枯燥的生活立刻放出了光彩。我当时的高兴劲儿就别提了，至今回忆起来心里还美滋滋的。

她学习很认真，预习、复习总是很充分。上课的时候，她喜欢发言，而且总是有独特的见解，常常令全班同学都感到惊讶，我也很佩服她。这使我不得不更加努力地学习，多读书，多思考，我也要像她那样，回答问题有自己的见解。我毕竟是个男子汉，不知不觉地开始注意她的言行，并且在学习上暗暗地跟她比赛。从此，我的学习进步很快，而且对汉语的兴趣也更加浓厚。这时，我觉得她好像也在注意我，每次我回答完问题，自己觉得很满意的时候，都发现她在看着我笑。那笑是什么意思呢？是觉得我也是个爱动脑筋的人吗？还是鼓励我再努一把力呢？反正我看得出那笑是善意的，友好的，也是亲切的。我希望我的感觉没有错。

有一天下课，我约她去喝咖啡，这是我考虑了很久才决定的。心里紧张得直打鼓，生怕她拒绝我的邀请。谁知道，她犹豫了一会儿，竟然痛快地答应了。我心里有说不出的激动。在咖啡店里，我们谈得很高兴。我永远忘不了那次谈话。她告诉我说："大学毕业后我想当翻译，但是你知道，我的汉语水平还差得很远，现在是二年级，我一定要在以后的两年时间内学好汉语。我有信心，得好好利用这两年。你说我性格开朗，那只是一方面，其实我也有悲伤的时候，只是那种时候，我不愿意表露出来。一个人总应该向别人展示自己美好的一面，让别人看到自己悲伤也于事无补。自己的问题还得自己解决，所以表面看起来我总是那么快活。"

听了她的话，我更觉得她可爱，她才二十岁，竟有这么成熟的思想。我当然也把自己的情况告诉了她："大学毕业后，我在一家公司工作。我对汉语很有兴趣，所以到这里来学习，准备明年二月到中国去留学，再学习两年汉语，学好以后，也想做翻译工作。"她听得很认真，好像也很有兴趣。从那天以后，每次下了课我们俩都去咖啡店喝杯咖啡，聊聊天儿。

白天在公司的工作又辛苦又单调，所以，每周两次的汉语课和课后共同度过的美好时光，我觉得是那么幸福，那么甜蜜，那么有意思。我把自己的心情告诉了她，她一听脸就红了，连忙低下头。不久，她也告诉我，她所在的女子大学都是女同学，除了上课以外，很少有别的活动，所以，每星期就盼着来上汉语课，跟我谈话。这样，几个月很快就过去了，我们俩的关系也越来越亲密了，成了好朋友。除了一周两次汉语课见面以外，每星期六和星期日都一起去看电影，或者到郊外去玩儿。那时候我们俩好像在度蜜月，别人一定会认为我们是刚结婚的新郎和新娘。对我来说，那是我一生中最美好的时光。

到中国来的日子一天天近了，我们俩都感到了离别的威胁。有一天，我们终于谈到了这个问题，我说："二月初我就要去中国了，大概两年后才能回来，我希望你等我。"她说："两年？那么长的时间我们不在一起，真不知道这期间会发生什么变化。两年以后的事情能预料吗？"我觉得她说得也对，可又不甘心。后来每提到这件事，就觉得很苦恼。我们在一起的时间越来越少了，我感到有一种无形的压力。

二月一号，我要出发去中国了。临行前，她到机场来送我。由于到得比较早，还有一段时间，我们就坐在候机大厅的椅子上，一直默默地坐着，一句话也不说。那时，我已经打定主意，正式向她求婚，可又怕被她拒绝，就犹豫着，考虑着，不知道怎么对她说才好。她可能也在等我先开口。这时，广播突然响了："搭乘中国民航9630航班的旅客，请尽快办理安检和登机手续。"我没坐过飞机，又是第一次出国，我以为办完手续以后还可以回来，就告诉她说："你先等一会儿，我马上就回来。我还有话要跟你说。"手续很快就办完了，我向原来的地方走去。这时，机场的警察突然跑过来说："你已经办完安检手续，不能再出去了！"我一听就急了，这可怎么办呢？我还没向她求婚呢，她还坐在那儿等我。我恳求警察让我出去一下，但是，他回答说："不行，无论如何也不行。"

飞机慢慢起飞了，她看见我坐的飞机了没有？她知道我为什么没回到她那儿去吗？她会怎么想？我真傻，真傻啊！一路上，我的心里说不出来是什么滋味。

飞机落地了，我一打开手机，就看到了她发来的短信，信上说："我等你。"

根据课文回答问题 Answer the questions according to the text

1. "我"跟梅香是怎么认识的？
2. 在"我"看来，梅香是个什么样的姑娘？
3. "我"原来在哪儿工作？"我"喜欢自己的工作吗？
4. 梅香说"两年以后的事情能预料吗？"是什么意思？你同意她的看法吗？为什么？
5. 最近"我"为什么一直处于兴奋状态中？

二 生词 Shēngcí New Words

2-2

1. 以来	yǐlái	（名）	since
2. 处于	chǔyú	（动）	be in a certain position or state
3. 状态	zhuàngtài	（名）	state; condition
4. 中老年	zhōng-lǎonián		middle and old age
5. 同伴儿	tóngbànr	（名）	companion
6. 将近	jiāngjìn	（副）	(of number) close to; nearly; almost
7. 地理	dìlǐ	（名）	geography
8. 举止	jǔzhǐ	（名）	bearing; manner
9. 端庄	duānzhuāng	（形）	stately; dignified
10. 文雅	wényǎ	（形）	(of talk and manner) elegant; refined; cultured
11. 快活	kuàihuo	（形）	happy; merry; cheerful
12. 流露	liúlù	（动）	(of intent or feeling) reveal; show unintentionally

13.	枯燥	kūzào	（形）	dull; uninteresting
14.	光彩	guāngcǎi	（名、形）	luster; glittering
15.	美滋滋	měizīzī	（形）	very pleased with oneself
16.	发言	fā yán	（动、名）	state one's view; statement
17.	独特	dútè	（形）	unique; distinctive
18.	见解	jiànjiě	（名）	view; opinion
19.	令	lìng	（动）	make; cause
20.	惊讶	jīngyà	（形）	surprised; amazed
21.	毕竟	bìjìng	（副）	after all
22.	男子汉	nánzǐhàn	（名）	man, especially one who is masculine and steadfast
23.	言行	yánxíng	（名）	words and deeds; statements and actions
24.	并且	bìngqiě	（连）	and; besides; moreover; furthermore
25.	暗暗	àn'àn	（副）	secretly; inwardly
26.	浓厚	nónghòu	（形）	(of interest) great; keen
27.	动脑筋	dòng nǎojīn		use one's head
	脑筋	nǎojīn	（名）	brains; mind
28.	善意	shànyì	（名）	goodwill; good intentions
29.	打鼓	dǎ gǔ	（动）	feel uncertain (or nervous)
30.	生怕	shēngpà	（动）	be afraid of; fear
31.	谈话	tán huà	（动、名）	have a talk; conversation
32.	悲伤	bēishāng	（形）	sad; sorrowful
33.	展示	zhǎnshì	（动）	show; demonstrate
34.	于事无补	yúshìwúbǔ		of no avail; of no help
35.	表面	biǎomiàn	（名）	appearance

36.	思想	sīxiǎng	（名）	thought; idea
37.	情况	qíngkuàng	（名）	situation; circumstances; state of affairs
38.	单调	dāndiào	（形）	tedious; repetitious; lacking in variety
39.	共同	gòngtóng	（副、形）	together; common
40.	度过	dùguò		spend
41.	时光	shíguāng	（名）	time
42.	盼	pàn	（动）	long for; expect
43.	亲密	qīnmì	（形）	close; intimate
44.	蜜月	mìyuè	（名）	honeymoon
45.	威胁	wēixié	（动）	threaten; menace
46.	预料	yùliào	（动）	expect; predict
47.	甘心	gānxīn	（动）	do sth. willingly; be reconciled to
48.	提	tí	（动）	mention; talk about
49.	苦恼	kǔnǎo	（形）	vexed; worried
50.	无形	wúxíng	（形）	intangible
51.	压力	yālì	（名）	pressure
52.	候机	hòu jī		wait for the plane
53.	主意	zhǔyì	（名）	idea
54.	正式	zhèngshì	（形）	formal
55.	搭乘	dāchéng	（动）	take (a bus, ship, plane, etc.)
56.	航班	hángbān	（名）	scheduled flight; flight number
57.	旅客	lǚkè	（名）	traveler; passenger
58.	安检	ānjiǎn	（动）	security check
59.	恳求	kěnqiú	（动）	plead; entreat
60.	无论如何	wúlùn-rúhé		in any event; whatever happens

三 词语用法 Cíyǔ yòngfǎ　Usage of the Words

1 别提了 biétí le　don't mention it; forget it

"别提了"表示程度很深，不必细说，有夸张的语气。好事坏事都可以用。还可以在"别提"和"了"之间插入其他成分，常用"别提（有）+多+形容词+了"。例如：

1. 我当时的高兴劲儿就别提了，至今回忆起来心里还美滋滋的。
2. 咳，别提了，这次考糊（hú，poorly）了。
3. 听说爸爸妈妈要来中国旅行，她别提多高兴了。
4. 咳，昨晚的那场球踢得别提有多臭（chòu，badly）了。

2 毕竟 bìjìng（副）after all

"毕竟"表示充分肯定重要的或正确的事实。例如：

1. 我毕竟是个男子汉，不知不觉地开始注意她的言行，并且在学习上暗暗地跟她比赛。
2. 他毕竟是外国人，对中国的情况还不十分了解。
3. 她毕竟给我来信了，还说要等我。
4. 他现在还听不懂中国人说的话，毕竟刚开始学习汉语嘛。

3 不知不觉 bùzhī-bùjué　unconsciously; unwittingly

"不知不觉"表示没有注意、没有意识到。例如：

1. 我毕竟是个男子汉，不知不觉地开始注意她的言行，并且在学习上暗暗地跟她比赛。
2. 时间过得真快，不知不觉来中国已经一年了。
3. 上王老师的课，总觉得时间过得很快，不知不觉就下课了。
4. 我和他在一个班学习了一年，不知不觉地对他产生了好感。

4 并且 bìngqiě（连）and; besides; moreover; furthermore

“并且”连接并列的动词、动词性词组、形容词或小句，表示几个动作同时进行或几种情况同时存在。多用于书面。用在复合句的后一半，表示更进一层的意思。例如：

1. 我毕竟是个男子汉，不知不觉地开始注意她的言行，并且在学习上暗暗地跟她比赛。
2. 我看了这个大学的情况并且报了名，准备去留学。
3. 一年的留学生活使我的汉语水平得到了提高并且使我对中国更加了解了。
4. 我很喜欢她，因为她聪明、美丽并且善良。
5. 我的家乡冬天常常下雪，并且下得很大。

5 总 zǒng（副）after all

“总”有“毕竟，总归”的意思。强调事实或原因，表示无论怎样最后一定会这样。例如：

1. 一个人总应该向别人展示自己美好的一面，让别人看到自己悲伤也于事无补。
2. 问题总会解决的，你不用太担心。
3. 事情总会过去的，不要太难过了。
4. HSK我总是要考的，不过这次我不准备报名，等下个学期再说。

6 无论如何 wúlùn-rúhé in any event; whatever happens

“无论如何”表示不管怎样；在任何条件下。后面常常有“也”“都”与之配合。例如：

1. 他回答说：“不行，无论如何也不行。”
2. 这件事你无论如何也要告诉他。
3. 他是我的好朋友，现在他遇到了困难，我无论如何都要帮他一把。
4. 这个问题无论如何要想办法解决。

四 词语用法对比 Cíyǔ yòngfǎ duìbǐ Compare the Usage of the Words

1 高兴 gāoxìng（动、形）　愉快 yúkuài（形）

高兴：[glad; happy] 愉快而兴奋。

[be willing to; be happy to] 喜欢，带着愉快的心情去做某事。

愉快：[happy; joyful] 高兴快乐，心情舒畅。

很高兴 / 愉快　　非常高兴 / 愉快　　玩儿得很高兴 / 愉快

愉快 /* 高兴的寒假　　高兴高兴 /* 愉快愉快

"高兴"是动词也是形容词,"愉快"只是形容词;"高兴"可以重叠使用,"愉快"没有重叠形式。例如：

1. 昨天是我二十岁生日，过得非常高兴 / 愉快。
2. 认识你很高兴 /* 愉快。
3. 我看你不太高兴 /* 愉快，怎么了？
4. 我跟朋友一起学习，一起玩儿，一起聊天儿，生活得很愉快 /* 高兴。
5. 快把这个消息发到朋友圈儿里，让大家都高兴高兴 /* 愉快愉快。
6. 一到周末，同学们都高高兴兴 /* 愉愉快快地到外边去玩儿了，宿舍里很少有人。

"高兴"有"喜欢做"的意思，"愉快"没有这种意思。例如：

7. 你不高兴 /* 愉快去就不要去了。

2 更 gèng（副）　更加 gèngjiā（副）

更：[more; still more; even more] 更加。

[further; furthermore] 再，又。

更加：[more; still more; even more] 表示程度上又深了一层或数量上进一步增加或减少。

更 / 更加努力　　更 / 更加爱护　　更 / 更加关心　　更 /* 更加好

更 /* 更加新　　更 /* 更加上一层楼　　更 /* 更加冷了

"更"和"更加"同义，都放在形容词前作状语，因为音节的关系，用法上有差别：书面语一般用"更加"，口语多用"更"。在双音节形容词前，用"更加"和"更"都可以，但是在单音节形容词前一般用"更"，不用"更加"，如：更新、更好、更贵。例如：

1. 来中国以后我更 / 更加感到当初选择汉语作为自己的专业是正确的。
2. 你穿上这件衣服显得更 / 更加漂亮了。
3. 今后我要更 / 更加努力地学习。
4. 学校对家庭贫困的同学更加 /* 更关心和爱护。
5. 这儿的风景比那里更 /* 更加美。
6. 我要更 /* 更加好地学习。

3 暗暗 àn'àn（副）　偷偷 tōutōu（副）

暗暗：[secretly; inwardly] 在暗中或私下里，不显露；内心知道或感到，但不说出。

偷偷：[stealthily; secretly] 动作不想让人知道；趁人不注意。

暗暗 / 偷偷流泪　暗暗 / 偷偷高兴　暗暗 /* 偷偷伤心
偷偷 /* 暗暗走了　偷偷 /* 暗暗进来　偷偷 /* 暗暗告诉我

"暗暗"修饰表示心理活动的动词，"偷偷"修饰表示动作行为的动词。口语中"偷偷"可以儿化。例如：

1. 收到女朋友同意跟我结婚的短信，我心里暗暗 / 偷偷地高兴。
2. 他趁大家不注意，偷偷 /* 暗暗地走了。
3. 听到爷爷去世的消息，她暗暗 /* 偷偷伤心。

4 鼓励 gǔlì（动）　鼓舞 gǔwǔ（动、形）

鼓励：[encourage; urge] 用言行对别人产生影响，使别人更好地工作或学习。

鼓舞：[inspire; encourage; hearten] 使振作起来，增强信心和勇气。
[be excited; cheer up] 兴奋；振作。

受到鼓舞 / 鼓励　很受鼓舞 /* 鼓励　鼓舞 /* 鼓励人心
令人鼓舞 /* 鼓励

“鼓舞”和“鼓励”都是动词，不同的是，“鼓舞”的行为主体是事，“鼓励”的行为主体人和事都可以。“鼓舞”还是形容词，“鼓励”没有形容词的用法。例如：

1. 这个好消息对我们是一个很大的鼓舞/鼓励。
2. 这是一个令人鼓舞/*鼓励的好消息。
3. 老师总是鼓励/*鼓舞我们，学习汉语，要多听、多说，不要怕说错。
4. 谢谢你对我的鼓励/*鼓舞。
5. 听了他的话，我很受鼓舞/*鼓励。
6. 申办奥运的成功鼓舞/*鼓励了全国人民。

5 分别 fēnbié（动、副） 离别 líbié（动）

分别：[part; leave each other] 离别。
[differently; separately] 有区别地；分头；各自。
离别：[part (for a long period); leave; bid farewell] 比较长时间地跟熟悉的人或地方分开。

跟大家分别/离别 离别/*分别家人 离别/*分别亲人
离别/*分别家乡 离别/*分别祖国

“离别”是及物动词，可以带宾语，宾语可以是人也可以是地方，如：离别妻子、离别家乡。“分别”只指人和人的离别，是不及物动词，不能带宾语，不能说“分别朋友”，要说“跟朋友分别”。例如：

1. 我们就要分别/离别了。
2. 我就要离别/*分别母校，走上工作岗位了。
3. 离别/*分别家乡，离别/*分别亲人，一个人在国外学习和生活的滋味真不好受。

“分别”还是副词，有“有区别地”和“分头、各自”的意思，可以作状语；“离别”没有这个意思，也不能作状语。例如：

4. 这两种情况应该分别/*离别对待。
5. 他们公司的董事长和总经理上午分别/*离别会见了我。

五 练习 Liànxí Exercises

1 语音 Phonetic exercises 2-3

1. 辨音辨调 Distinguish the pronunciations and tones

处于 chǔyú	属于 shǔyú
孤独 gūdú	故都 gùdū
光彩 guāngcǎi	刚才 gāngcái
佩服 pèifú	背负 bēifù
鼓励 gǔlì	孤立 gūlì
成熟 chéngshú	生疏 shēngshū
无形 wúxíng	五星 wǔxīng
正式 zhèngshì	证实 zhèngshí

2. 朗读 Read aloud the following poem

jīn lǚ yī
金缕衣

táng dù qiū niáng
（唐）杜秋娘

quàn jūn mò xī jīn lǚ yī
劝 君 莫 惜 金 缕 衣，
quàn jūn xī qǔ shào nián shí
劝 君 惜 取 少 年 时。
huā kāi kān zhé zhí xū zhé
花 开 堪 折 直 须 折，
mò dài wú huā kōng zhé zhī
莫 待 无 花 空 折 枝。

2 词语 Read aloud the following phrases

处于兴奋状态	处于困难之中	处于孤独之中	
感到孤独	非常孤独	孤独地生活	享受孤独
整个学校	整个国家	整个上午	整个假期
充分准备	充分预习	充分的理由	预习得很充分
不得不看	不得不想	不得不承认	不得不放弃

毕竟年轻	毕竟来了	毕竟努力了	毕竟考上了
暗暗难过	暗暗伤心	暗暗高兴	暗暗下决心
预料不到	预料到了	难以预料	不出我的预料
度蜜月	度假	度过美好时光	度日如年
非正式	很正式	正式求婚	正式场合

3 选词填空 Choose the words to fill in the blanks

A.

无论如何	温柔	预料	反正	别提了	处于
开朗	孤独	充分	暗暗	毕竟	整个
不得不	成熟	佩服	不知不觉		

1. 他的病目前还＿＿＿＿＿危险之中。
2. 一个人在国外生活和学习，最大的问题就是感到太＿＿＿＿＿。
3. 她是个＿＿＿＿＿善良的女孩儿，我很喜欢她。
4. 因为考试结束了，所以昨天＿＿＿＿＿晚上我都和朋友在一起聊天儿。
5. 我喜欢性格＿＿＿＿＿的人，愿意和这样的人交朋友。
6. 要想上课的时候能听懂老师讲的，必须＿＿＿＿＿预习生词和课文。
7. 因为母亲住院了，我＿＿＿＿＿回国。
8. ＿＿＿＿＿我都二十岁了，应该练习独立生活了。
9. ＿＿＿＿＿来中国已经一年了。
10. 我＿＿＿＿＿下决心，一定要正式向她求婚。
11. ＿＿＿＿＿是周末，明天不上课，今天晚上就好好玩儿吧。
12. 你＿＿＿＿＿不能这样做，不然，她知道会生气的。
13. 情况比我＿＿＿＿＿的好得多。
14. ＿＿＿＿＿，我们刚到就下起雨来了。
15. 他会玩儿，也会学习，我很＿＿＿＿＿他。
16. 一个人走向＿＿＿＿＿是不容易的，一方面需要学习，另一方面也需要时间。

B.

1. 你就别__________了，赶快决定吧。（犹豫 迟疑）
2. 认识你我感到很__________。（愉快 高兴）
3. 听到这个消息我不免__________吃惊。（暗暗 偷偷）
4. 老师在黑板上写字的时候，他__________地离开了教室。（暗暗 偷偷）
5. 你今年的成绩不错，明年要争取__________上一层楼。（更 更加）
6. 他病得太__________了。（突然 忽然）
7. 这种__________事件，是很难预料的。（突然 忽然）
8. __________家乡已经有两年了，这是第一次回来。（离别 分别）
9. 他们__________不久就又见面了。（离别 分别）
10. 老师总是__________我们多读、多说、多写，不要怕出错。（鼓励 鼓舞）

4 完成句子 Complete the following sentences

1. 我还要在这儿继续学习______________________________。（并且）
2. ______________________________，你就放心吧。（无论如何）
3. ______________________________，这些话他都能听懂。（毕竟）
4. ______________________________，三两下就把电脑给我修好了。（毕竟）
5. 时间过得真快，______________________________。（不知不觉）
6. 他特别忙，______________________________。（总）
7. ______________________________，我们可以多逛一会儿再回去。（反正）
8. ______________________________，刚买的手机就让我给弄丢了。（别提了）

5 完成会话 Complete the following dialogues

1. A：这次考得怎么样？
   B：______________________________。（别提……了）
2. A：你觉得这个课怎么样？有意思吗？

B：很有意思，老师也很幽默（yōumò，humorous），每次上课 ________________。（不知不觉）

3. A：你这本书借给我看看可以吗？
B：你想看就拿去吧，________________。（反正）

4. A：有些句子即使没有生词我也看不懂。
B：________________。（毕竟）

5. A：时间不早了，该回去了。
B：是吗？________________。（不知不觉）

6. A：她最近心情很不好。
B：这次失恋对她的打击很大，________________ ________________。（无论如何）

6 连句成段 Rearrange the sentences into a paragraph

A. 人在世上是不能没有朋友的
B. 如果一个人一辈子连一个朋友也没有，那么，他很可能怪得出奇，使得人人只好敬而远之；或者坏得离谱，以至于人人侧目
C. 事实上，绝大多数人也都会有自己或大或小的朋友圈儿
D. 不论是天才还是普通人，没有朋友都会感到孤单和不幸

____

7 改错句 Correct the sentences

1. 我的钱不知不觉完了。

____

2. 她丈夫毕竟中国人，所以她汉语说得很流利。

____

3. 最近爸爸的工作很忙，无论如何星期天也不休息。

____

4. 她为了让我兴奋，所以常来和我一起聊天儿。

____

5. 我刚才毕业就参加工作了。

____

6. 反正你们俩都互相爱，就结婚吧。

____

8 情景表达 Situational expressions

1. 下面的句子什么时候说？

（1）咳，别提了，我今天倒霉极了。

（2）我真傻，真傻啊！

（3）不行，无论如何也不行。

2. 下面情景怎么说？

（1）班上有个同学各方面都做得很好，你很喜欢他/她，愿意向他/她学习，怎么说？（佩服）

（2）朋友约你一起去公园或商店，他想打的去，你觉得不远，没有必要打的，怎么说？（反正）

（3）你和一个同学在一起学习了一年时间，感觉不错，你喜欢他/她，他/她也喜欢你，后来你们成了好朋友。（不知不觉）

9 综合填空 Cloze

酒后吐真言

大学最后一年，广播电视课录音实习。宿舍里一人一台录音机和一个麦克风。新年之夜，同屋老万喝得大醉，我们把（1）________抬回来放在床上，他嘴里还说个没完。大家仔细一听，觉得老万的话里有内容，（2）________不约而同地围上来，几个麦克风同时对准他的嘴。

问："老万，你觉得咱们班女生谁最好？"

老万："马兰啊。马兰又漂亮又有才华，我真的好喜欢她。"

大家没有料到老万如此爽快，（3）________情绪高涨，问题一个接一个问起来。

“这么多年你为什么没表白？马兰知道吗？（4）________有什么反应？”

老万被问到伤心处，不禁泪流满面：“现在的女人太粗心了，我多次暗示她，她都不理我，我好命苦啊！”

说着说着老万干脆坐了起来，像外交部新闻发言人似的对着话筒，侃侃而谈，（5）________夹杂着短暂的抽泣。大家没想到自己身边居然还有这么一段有趣的故事，不停地启发老万，于是，老万从食堂里怎么跟马兰飞媚眼，（6）________课桌上蹭人家的胳膊，都讲到了，偶尔还来几句幽默，把满屋的弟兄们逗得哈哈大笑。

老万醉得不支，沉睡过去了，激动的同学们立刻开始编辑，（7）________决定把这个采访交给老师当作业。

第二天一大早，老万醒了，（8）________随手打开录音机，当听到昨夜的采访录音时，他忽然大笑起来，把宿舍所有的人都叫起来了：“快听！快听！这是谁呀，居然连马兰都喜欢，哈，哈，哈，这可真是一个傻小子。”

小词典

1. 酒后吐真言	jiǔ hòu tǔ zhēn yán		wine in, truth out
2. 实习	shíxí	（动）	do an internship
3. 麦克风	màikèfēng	（名）	microphone
4. 爽快	shuǎngkuai	（形）	frank
5. 高涨	gāozhǎng	（形）	(of price, movement, enthusiasm, etc.) rise; upsurge; run high
6. 侃侃而谈	kǎnkǎn'értán		speak with great ease and confidence
7. 飞媚眼	fēi mèiyǎn		make eyes at sb.; throw amorous glances at sb.
8. 蹭	cèng	（动）	rub; scrape
9. 不支	bùzhī	（动）	cannot support; cannot hold up

10 会话 Dialogue

你谈过恋爱没有

甲：山本，你以前来过中国没有？

乙：来过啊。大三的时候来中国旅行过一次。

甲：都去过哪些地方？

乙：去过好多地方呢！北边到过哈尔滨，南边去过昆明、桂林、杭州、上海、苏州，西边去过西安和敦煌，东边爬过泰山，还参观过孔子的故乡。

甲：你去过的地方可真不少，去过西藏没有？

乙：还没有。不过，我很想去。

甲：你吃过羊肉串吗？

乙：吃过。

甲：喝过茅台酒吗？

乙：没有。听说茅台酒很厉害。你呢？

甲：喝过。就是那次喝茅台把我喝醉了，从那以后，我再也不敢喝白酒了。

乙：你看过京剧没有？

甲：还没有呢，我打算看一次。不知道看得懂看不懂。

乙：看得懂，但是可能听不懂。我再问一个个人问题，可以吗？

甲：当然可以。

乙：你可别脸红啊。

甲：你是不是想问我谈过恋爱没有？

乙：对，对，你谈过恋爱吗？

甲：怎么说呢？谈过一次吧。

乙：什么时候？

甲：那还是在大三的时候，我和班上的一个男孩子好过。

乙：后来呢？

甲：后来他们一家去美国了。

乙：再后来呢？你们没保持联系吗？

甲：开始的时候，他来过几封信，后来他上了大学，可能又有新的女朋友了吧，就再没有来过信。

乙：这么说，你失恋过一次呀。

甲：是啊。

小词典

1. 敦煌	Dūnhuáng	（专名）	Dunhuang, a major stop on the ancient Silk Road
2. 西藏	Xīzàng	（专名）	Tibet
3. 羊肉串	yángròuchuàn		mutton shashlik

11 阅读 Reading

祝好人一生平安

至今想起来，32 岁的沈爱萍还觉得那两天简直是场噩梦。

去年 12 月 30 日，在广东打工的四川打工妹沈爱萍，把省吃俭用攒下来的 12900 元人民币压在一个塑料盒里，再用毛巾和塑料袋小心翼翼地包好，然后收拾行李，做好回家的准备。

她担心坐火车时间太长，不太安全，就决定去珠海坐飞机回家。

由于是第一次坐飞机，在安检时，沈爱萍有点儿手忙脚乱，而行李里一把水果刀导致警铃声响，更使她心惊肉跳。在一阵紧张和忙乱之后，她松了一口气，来到候机大厅。

10 分钟后，当沈爱萍因为不放心再次翻开行李检查时，她不禁倒吸了一口凉气，塑料盒不见了！沈爱萍不由得浑身哆嗦起来，丢了？被偷了？到底去哪儿了？

沈爱萍发疯似的跳了起来，心急火燎地跑回安检处，没有！又从安检处一路找回登机口，还是没有！

“当时我的脑袋嗡地一声，就再也挺不住了，全身无力地瘫痪在地。我想起一年来打工的辛苦：32 岁了，还不得不离家外出打工，一年来每天工作10多个小时，一天也舍不得休息。我还想起一年未回的家、家里加起来工资不到1000元的父母、一个待业的妹妹、因病在家休息的丈夫、八岁的孩子，他们都在等着我回家，等着我的这笔钱。怎么办呢？”沈爱萍至今说起来仍感到心惊肉跳，生活的苦难因为一次过失而突然成倍地增加起来。

“血汗钱啊！”一提起钱，一直在四川长大、打工之前从未出过远门的沈爱萍至今还是两手紧握成拳头。

沈爱萍说，那时唯一能做的就是毫无目的地大哭。

沈爱萍还记得4752航班因为她延误了半小时。最后是安检员搀着连站都站不起来的她到了登机口。航班上的空姐们又把她扶进了客舱，安排她坐在第三排，并给她递上了热毛巾、热茶。不过沈爱萍还依稀记得在舷梯下面，曾经有两位飞机监护员问过她出了什么事，之后又塞给她二百块钱，“可惜那时泪水模糊了我的眼，头脑里一片空白，连声谢谢都不知道说了没有”。

18点，飞机起飞了。想起丢失的血汗钱，沈爱萍还在那里泪流满面。乘务组的空姐边忙边寻思，怎么来安慰这位不幸的旅客呢？“捐点儿钱吧！”乘务长胡晓丽提议。几个空姐一摸身上，大家都没带多少钱，最后与机长一道，捐出了300元。这种情景被坐在沈爱萍后面的三位旅客看见了，他们便提议，让机上所有旅客都献上一份爱心。于是他们中间的一位当即写了一篇广播稿，请乘务长广播：“五元、十元对你我来说不算什么，但对这位姐妹，却是雪中送炭，是救命钱。希望大家献份爱心。”

乘务长胡晓丽形容当时客舱内的情况时用了“沸腾”两个字：客舱沸腾了，123名旅客纷纷解囊相助，5元、10元、100元……所有旅客纷纷伸出援助之手。到成都探亲的港商黄女士捐了1000元，她说：“都是中国人，不用多说。”据乘务员们说，一位小伙子捐出五元钱，看着周围的人都捐出了大票，还有点儿不好意思，乘务员安慰道：“钱多钱少没关系，唯有爱心令人敬。”

装有6000多元捐款的篮子递到了沈爱萍的面前，对那个时刻，沈爱萍记忆犹新，那时她脸上那悲伤的泪水也暂时被激动的泪水冲走。她不停地向旅客鞠躬致谢。而面对此情此景，乘务员与旅客们也禁不住眼含热泪。

故事并没有因为有了一个完美的结果而结束。

沈爱萍回家后，想起那不翼而飞的血汗钱，仍然忧心忡忡，饭不吃茶不饮。31号那天倒在床上差不多睡了一天。第二天，沈爱萍被她侄女摇醒，神情恍惚中，她突然听到有人说，民航的人送东西来了。

“我当时一下子从床上蹦了起来，一口气跑了出去。”

沈爱萍一边跑一边怀疑自己的耳朵。直到看到了西南航空公司乘务部刘旭法经理等一些人后，她才相信这并不是梦。因为她还看到了自己装钱的那个塑料饭盒。她有点儿手足无措，“当时我真不知道怎么表达我的感激之情，我只愿天下的好人一生平安！”

刘旭法经理讲述了事情的经过：就在30日晚上11点多，有两位旅客冒着浓雾，驱车匆匆赶到已静悄悄的成都双流机场，将一个塑料饭盒交给了值班员。原来，当这两位乘客回家清理行李时，发现了这个陌生的饭盒，里面装满了钱。于是立即想到这正是乘客沈爱萍的钱，是在机场安检处错放进自己包里的。想起机上发生的那感人的情景，他们立即决定连夜把钱送回机场。西南航空乘务部的领导接到钱后，立即决定尽快将钱送到沈爱萍手里。

在西南航空的帮助下，经过一而再、再而三的联系后，沈爱萍找到了当时不留姓名的旅客，他们就是在飞机上向她捐了200元人民币和100元港币的古和强、张其君夫妇。沈爱萍说：“他们是我的恩人，我会记住他们的。”

拿到失而复得的血汗钱后，大家捐给她的那6000多元钱成了沈爱萍的心理负担。

“由于我的过失，惊动了那么多好心人为我捐款，我内心有愧啊。”沈爱萍说，“这钱我决不能要。”

那怎么办呢?

“我请航空公司的同志把这钱捐给‘希望工程’。许多失学的儿童和贫困山区的人们同样需要爱心，我也要奉献自己的一份爱心。”西南航空的刘旭法经理听后说，没想到没读过多少书的沈爱萍能说出这样有水平的话。

1月2日，西南航空公司的工作人员把钱交到四川省青少年发展基金会，基金会的工作人员立即着手，准备用这6000多元钱救助15名失学儿童读完小学。

1月3日，成都电视台播放了一首歌曲——《祝你平安》。那是沈爱萍特意花了200元点播的，送给那些曾经帮助过她的陌生人、好心人。

（根据《南方周末》记者沈颢和通讯员戚小华的报道改写）

小词典

1.	噩梦	èmèng	（名）	nightmare
2.	心惊肉跳	xīnjīng-ròutiào		be filled with apprehension; shudder with fear
3.	不由得	bùyóude	（副）	can't help (doing); cannot but
4.	心急火燎	xīnjí-huǒliǎo		burn with impatience; be in a nervous state
5.	延误	yánwù	（动）	incur loss through delay
6.	雪中送炭	xuězhōng-sòngtàn		send charcoal in snowy weather —provide timely help
7.	沸腾	fèiténg	（动）	seethe with excitement; boil over
8.	解囊相助	jiěnáng-xiāngzhù		help sb. generously with money
9.	记忆犹新	jìyì-yóuxīn		remain fresh in one's memory
10.	不翼而飞	búyì'érfēi		(of an object) disappear without a trace
11.	忧心忡忡	yōuxīn-chōngchōng		worried
12.	手足无措	shǒuzú-wúcuò		at a loss (as to what to do)
13.	有愧	yǒu kuì		feel qualms about sth.; have a guilty conscience

读后回答下列问题　Answer the following questions

1. 沈爱萍的钱是怎么得来的？
2. 她是怎么把钱弄丢的？
3. 当知道自己的钱丢了以后，她怎么上的飞机？

4. 当空姐和旅客知道了沈爱萍的情况时，是怎么帮助她的？
5. 她的钱是怎么找到的？
6. 钱找到后，沈爱萍是怎么处理那笔捐款的？

12 写一写 Writing

写一个你喜欢的男孩儿或女孩儿。要求：真实，不少于 300 字。

快乐汉语 Happy Chinese 2-4

求 爱 信

我们系一位老兄苦苦追求音乐系的一个漂亮女生，在他写完第九十九封信后，女生回信一封，上写“61”两个大字，别无他言。该同学不知道什么意思，于是去问本宿舍的爱情专家。专家解释说：“61，是音乐系女生所用的专业术语。”该同学读了以后大叫一声，因为那两个音符的读音是：*Ladao*（拉倒：lādǎo，forget it）。

第三课
Lesson 3
香蕉的故事

一 课文 Kèwén Text

3-1

日前，我从香港到深圳与几位朋友聚会，饭后上了几种水果，其中有香蕉。不知是由于它还没熟透，还是档次低了点儿，始终无人问津。一位怀孕的女士甚至觉得放在那儿碍眼，想叫服务员把它拿走。

这时，在座的一位朋友给我们讲了一个关于香蕉的故事。

他说，上世纪60年代末期，他在大西北的一个石油研究所工作。单位有位女同事结婚六年才怀上孩子，大家都为她高兴。可是，她妊娠反应非常厉害，吃什么吐什么，急得她丈夫团团转。这天，她突然提出想吃香蕉，丈夫立即跑到几十公里外的西安市去买，可连续跑了两天，找遍大街小巷，一无所获，连香蕉的影子也没见到。同事们，包括单位的采购员和食堂做饭的大师傅都帮着到处找，也找不到香蕉。有人说，这个时候，香蕉还没下来，除非到广东去买。一句话提醒了那位丈夫，别看他平时书呆子气十足，这回脑子转得可特别快。那天他下了夜班就往飞机场赶，等着广州来的班机。一直等到傍晚时分，终于等到了广州来的航班。过了一会儿，果然发现从飞机上走下来一位中年男士，手里提着一串香蕉。他惊喜地跑过去，一见面就向人家深深地鞠了一个躬，搞得那人莫名其妙。紧接着他就向人家讲述自己的妻子怀孕了，如何想吃香蕉，他和他的同事们如何踏破铁鞋无觅处，他们结婚多年，妻子好不容易才怀上孩子……话音未落，那人就微笑着将手中的香蕉递了过来。

当问到多少钱时，这位男士不高兴了，说他回西安探亲前，问妻子想要点什么，妻子也说想吃香蕉。那时候，对北方人来说，香蕉是稀罕物，但因广州香蕉还没大量上市，他也是费了好大劲儿才买到的，给再多的钱也不会卖。临了，他又笑着说："不过，送给你爱人吃，我想我妻子会比自己吃了更高兴的。不用客气了，快把香蕉送回家去吧！"

听完这个故事，我的双眼湿润了，感慨那时人与人之间关系的纯真。在座的人都默默无语，显然都被感动了。过了一会儿，那位怀孕的朋友竟第一个吃起香蕉来。饭桌上的几根香蕉，瞬间便一扫而光。

我今天把这个美丽的故事写出来，与大家分享。它告诉我们：人世间，唯一不能用金钱买的，是真情。

（根据陈其晖的文章改写，选自《青年博览》）

根据课文回答问题　Answer the questions according to the text

1. 宴会上的香蕉为什么无人问津？
2. 这个故事发生在什么年代？什么地方？
3. 这位丈夫和他的同事们为什么到处找香蕉？当时在西安买得到吗？
4. 丈夫是在什么地方发现香蕉的？
5. 那位男士为什么把带给自己妻子的香蕉送给了他？

二　生词 Shēngcí　New Words

3-2

1. 香蕉	xiāngjiāo	（名）	banana
2. 日前	rìqián	（名）	a few days ago
3. 聚会	jùhuì	（动）	get together

4. 档次	dàngcì	（名）	level; grade
5. 始终	shǐzhōng	（副）	from beginning to end; throughout
6. 无人问津	wúrénwènjīn		nobody troubles to ask; nobody is interested
7. 怀孕	huái yùn	（动）	be pregnant
怀	huái	（动）	conceive (a child)
8. 碍眼	ài yǎn	（形）	offend the eye; be an eyesore
9. 世纪	shìjì	（名）	century
10. 年代	niándài	（名）	decade of a century
11. 末期	mòqī	（名）	last phase; final phase; last stage
12. 石油	shíyóu	（名）	petroleum; oil
13. 研究所	yánjiūsuǒ	（名）	research institute
14. 妊娠	rènshēn	（动）	gestation
15. 反应	fǎnyìng	（动、名）	react; reaction
16. 吐	tù	（动）	vomit; throw up
17. 连续	liánxù	（动）	continuously; successively; in a row
18. 遍	biàn	（动）	all over; everywhere
19. 大街小巷	dàjiē-xiǎoxiàng		streets and lanes
20. 一无所获	yìwúsuǒhuò		get nothing
21. 影子	yǐngzi	（名）	shadow
22. 采购员	cǎigòuyuán	（名）	purchaser
23. 师傅	shīfu	（名）	master worker (a qualified worker as distinct from an apprentice)
24. 除非	chúfēi	（连）	unless
25. 别看	biékàn	（连）	though; even though
26. 书呆子	shūdāizi	（名）	nerd; bookworm
27. 气	qì	（名）	morale; spirit
28. 十足	shízú	（形）	full; sheer

29. 脑子	nǎozi	（名）	brains; mind
30. 转	zhuàn	（动）	turn
31. 班机	bānjī	（名）	airliner; regular air service
32. 时分	shífēn	（名）	time
33. 男士	nánshì	（名）	gentleman
34. 串	chuàn	（量）	(for a string of things) bunch; cluster; string
35. 鞠躬	jū gōng	（动）	bow; make a bow
36. 莫名其妙	mòmíngqímiào		no one can explain it—indicating sth. is so strange that no one can understand it
37. 紧	jǐn	（形）	urgent; (follow) closely behind
38. 踏破铁鞋无觅处	tàpò tiěxié wú mì chù		you can wear out iron shoes in fruitless searching
39. 话音	huàyīn	（名）	one's voice in speech
40. 未	wèi	（副）	not
41. 落	luò	（动）	go down; fall
42. 探亲	tàn qīn	（动）	go home to visit one's family; go to visit one's relatives
43. 北方	běifāng	（名）	north; northern part of the country, especially the area north of the Yellow River
44. 稀罕	xīhan	（形、动）	scarce; uncommon; cherish
45. 大量	dàliàng	（形）	large number of; great quantity of
46. 上市	shàng shì	（动）	go (or appear) on the market
47. 费劲儿	fèi jìnr	（动）	need or use great effort
48. 湿润	shīrùn	（形）	moist (with tears)
49. 感慨	gǎnkǎi	（动）	sigh with emotion
50. 纯真	chúnzhēn	（形）	pure; sincere
51. 默默无语	mòmò-wúyǔ		silently; without saying a word

52. 显然	xiǎnrán	（形）	obvious; clear
53. 根	gēn	（量）	*a measure word for long, thin objects*
54. 瞬间	shùnjiān	（名）	in the twinkling of an eye
55. 一扫而光	yìsǎo'érguāng		finish off; make a clean sweep of
56. 人世	rénshì	（名）	human world; this world
57. 金钱	jīnqián	（名）	money
58. 真情	zhēnqíng	（名）	true feelings

专名 Zhuānmíng　Proper Nouns

西北	Xīběi	northwest China, including Shaanxi, Gansu, Qinghai, Ningxia and Xinjiang

三　注释 Zhùshì　Notes

1　上世纪60年代末期，他在大西北的一个石油研究所工作

“大西北”指中国的西北部地区，包括陕西、甘肃、青海、宁夏、新疆等省区和内蒙古自治区西部。

2　他和他的同事们如何踏破铁鞋无觅处

“踏破铁鞋无觅处”是熟语，常和“得来全不费工夫”合用。全句的意思是：要找一件东西，找了很长时间，把鞋都磨破了，也没有找到，但是一个偶然的机会却毫不费力地发现了。

四　词语用法 Cíyǔ yòngfǎ　Usage of the Words

1　除非 chúfēi（连）unless

“除非”常常与“才、否则、不然”等合用。强调某条件是唯一的先决条件。例如：

1. 有人说，这个时候，香蕉还没下来，除非到广东去买。
2. 除非你亲自去请他，他才会来。
3. 她今天肯定会来，除非遇到特殊情况。
4. 除非遇到好人，不然你丢的钱包肯定找不回来了。

2 不用 búyòng（副）need not

口语也说“甭”(béng)。用于表示劝阻，禁止。例如：

1. 不用客气了，快把香蕉送回家去吧！
2. 您不用担心，我在这里一切都很好。
3. 这是我自己的事，我会处理，你不用管。

表示不需要时可以单独使用。例如：

4. A：我帮你拿吧。
   B：不用。我自己能行。

3 显然 xiǎnrán（形）obvious; clear

“显然”表示非常明显，容易看出或感觉到。例如：

1. 在座的人都默默无语，显然都被感动了。
2. 他跟我打招呼，可是我根本不认识他，显然他认错人了。
3. 几年没见，他显然老多了。
4. 一看就知道，这篇文章，显然是作者到中国考察以后才写出来的。

4 唯一 wéiyī（形）only; one and only

“唯一”表示只有一个，没有第二个。可以作定语，也可以作状语。例如：

1. 人世间，唯一不能用金钱买的，是真情。
2. 今天唯一没有来的就是他。
3. 父母去世后，姐姐是我唯一的亲人。

五　词语用法对比 Cíyǔ yòngfǎ duìbǐ Compare the Usage of the Words

1 关于 guānyú（介）　　有关 yǒuguān（动、介）

关于：[about; on; concerning] 表示涉及的事物。

有关：[have sth. to do with; have a bearing on] 有关系（与“无关”相对）。
　　[related; concerned; pertinent] 涉及。

关于 / 有关语法的书　　关于 / 有关环境保护
有关 /* 关于方面　　有关 /* 关于领导　　有关 /* 关于报道
有关 /* 关于情况　　有关 /* 关于人员　　跟……有关 /* 关于

“关于”是介词，引进某种行为的关系者，与之组成介词结构作状语或定语；“有关”是动词和介词，表示涉及的（人或事），“有关”还有“跟……有关系”的意思（与“无关”相对）。例如：

1. 关于 / 有关这个问题我们今天就讲到这儿。
2. 我从网上查到了关于 / 有关这个大学的资料。
3. 这是那个公司的有关 /* 关于情况。

“关于”和它后边的名词或名词性词组作定语，常用作文章的题目。例如：

4.《关于 /* 有关网络教学的几个问题》

2 除非 chúfēi（连）　　只有 zhǐyǒu（连）

除非：[unless] 强调某条件是唯一的先决条件。常常与“才、否则、不然”等合用。

只有：[(*used correlatively with* 才 *or* 方) only if; provided that] 表示唯一的条件，后面多用副词“才”呼应。

“除非”和“只有”表达的意思相同。“只有”是从正面提出某个唯一的条件，“除非”是从反面提出，强调不能缺少某一唯一条件；“除非”后边可以接“才、否则、不然、不、要不然”等词语，“只有”只能与“才、方”配合使用，不能和“不”搭配。例如：

1. 除非 / 只有他来，问题才能解决。
2. 除非 / 只有努力学习，才能取得好成绩。
3. 除非 / 只有你去，我才去。

“只有”可以用来限定范围，后面加名词；“除非”不可以这样用。例如：

4. 只有 /* 除非他了解这个情况。

“除非”可以用于后一分句，表示排除或不包括某种情况；“只有”不可以这样用。例如：

5. 他今天肯定来，除非 /* 只有遇到特殊情况。

3 如何 rúhé（代）　　怎样 zěnyàng（代）

如何：[how; what] 怎么；怎么样。

怎样：[(*used to enquire about the nature, condition, manner, cause, etc. of sth.*) how about; what about] 疑问代词，也说“怎么样”；询问性质、状况、方式等。

[(*used to indicate the general nature, condition or manner of sth.*) how] 泛指性质、状况或方式。

身体如何 / 怎样	工作如何 / 怎样	情况如何 / 怎样
如何 / 怎样办理	无论如何 / 怎样	不管怎样 /* 如何

“怎样”和“如何”的意思相同，都用来询问方法、手段、状态、性质等。“如何”是书面语，“怎样”是口语，也说“怎么样”；“怎样”可以表示虚指，“如何”不能这么用。例如：

1. 关于如何 / 怎样提高汉语听说能力的问题，请王老师给我们讲讲。
2. 你现在感觉如何 / 怎样？
3. 你想想十年前怎样 /* 如何，再看看现在怎样 /* 如何，就知道变化有多大了。

“怎样”可以作定语修饰名词，如“怎样的人”“怎样的问题”等；“如何”不可以。例如：

4. 不管遇到怎样 /* 如何的困难我们都要把这项研究搞成。

4 好（不）容易 hǎo (bù) róngyì（形）　很不容易 hěn bù róngyì

好（不）容易：[through great effort] 很不容易（才做到某事）。

很不容易：[not easy; difficult] 很难，很艰苦。

好（不）容易 / 很不容易才得到　　好（不）容易 / 很不容易才找到
好（不）容易 / 很不容易才买到　　好（不）容易 / 很不容易才及格
很不容易 /* 好（不）容易做　　很不容易 /* 好（不）容易办
很不容易 /* 好（不）容易学

“好不容易”和“好容易”意思都是“很不容易”，但是用法与“很不容易”不同。“好（不）容易”侧重于表达主观感受，“很不容易”用于客观描述和评价。“好（不）容易”一般只能放在动词前边作状语，常与“才”搭配，不能作谓语；“很不容易”一般作谓语，也可以作状语，但较少用。例如：

1. 这次考试很难，我好（不）容易 / 很不容易才考及格。（及格了。）
2. 我找了好半天，好（不）容易 / 很不容易才找到他。
3. 要学好汉语很不容易 /* 好（不）容易，你要有思想准备。
4. 要把这件事办成是很不容易 /* 好（不）容易的。

5 北方 běifāng（名）　北边 běibian（名）

北方：[north; northern part of the country, especially the area north of the Yellow River] 向北的方向。在中国特指黄河流域及其以北的地区。

北边：[north] 北；北方。

中国北方 / 北边　　在北方 / 北边　　北方 /* 北边地区
学校北边 /* 北方　　北方 /* 北边方言　　北方 /* 北边话

“北边”表示方位，而“北方”既表示方向，在中国，也特指黄河流域及其以北的广大地区。说某地“北边”时，某地可以包括在内，也可以不包括在内。（要根据具体语境决定。）说某地“北方”时，则指某地范围内的北部。例如：

1. 北极在地球最北边 /* 北方。

2. 哈尔滨是中国北方 /* 北边的一个大城市。
3. 俄罗斯在中国北边 /* 北方。
4. 我爸爸是北方 /* 北边人，妈妈是南方人。
5. 中国南方已经是春暖花开了，北方 /* 北边还在下雪呢。
6. 我们学的汉语普通话是以中国北方 /* 北边话为基础方言，全中国通用的标准语。

六 练习 Liànxí Exercises

1 语音 Phonetic exercises 3-3

1. 辨音辨调 Distinguish the pronunciations and tones

始终 shǐzhōng	适中 shìzhōng
影子 yǐngzi	因此 yīncǐ
十足 shízú	失足 shī zú
惊喜 jīngxǐ	精细 jīngxì
上市 shàng shì	赏识 shǎngshí
人世 rénshì	认识 rènshi

2. 朗读 Read aloud the following poem

yì jiāng nán
忆江南

táng bái jū yì
（唐）白居易

jiāng nán hǎo, fēng jǐng jiù céng ān
江南好，风景旧曾谙。
rì chū jiāng huā hóng shèng huǒ
日出江花红胜火，
chūn lái jiāng shuǐ lǜ rú lán
春来江水绿如蓝。
néng bú yì jiāng nán
能不忆江南？

2 词语 Read aloud the following phrases

朋友聚会	同学聚会	参加聚会
始终如一	始终认为	始终坚持
连续工作	连续休息	连续播放
十分惊喜	非常惊喜	感到惊喜
分享快乐	分享幸福	跟别人分享
无人问津	大街小巷	一无所获
默默无语	一扫而光	莫名其妙

踏破铁鞋无觅处，得来全不费工夫

3 选词填空 Choose the words to fill in the blanks

A.

别看	莫名其妙	湿润	始终	除非
在座	连续	纯真	单位	末期

1. 这场大雪已经＿＿＿＿＿下了两天两夜了。
2. ＿＿＿＿＿他才十岁，懂的事情可真不少。
3. 听了这个故事，我的眼睛也＿＿＿＿＿了。
4. 女人怀孕的时候，常常喜欢吃一些＿＿＿＿＿的东西。
5. 这个故事发生在20世纪50年代＿＿＿＿＿。
6. 你在哪个＿＿＿＿＿工作？
7. 祝＿＿＿＿＿的朋友们新年快乐！
8. ＿＿＿＿＿你跟我一起去，我才去，不然我一个人实在没有兴趣。
9. 人世间最珍贵的不是金钱，是人与人之间那种＿＿＿＿＿的友情。
10. 他＿＿＿＿＿坚持按照老师的要求去做，每课课文一定要读够十遍。

B.

无人问津	一扫而光	一无所获
默默无语	莫名其妙	大街小巷

1. 可能大家都饿了，点了五六个菜，很快就＿＿＿＿＿。

2. 一到春节，__________都挂上了红灯，家家门口都贴上了对联。
3. 我跟他根本不认识，可是每次见面他都很热情地打招呼，我感到有点儿__________。
4. 这些书价格高，又没有什么价值，所以，摆在那里一直__________。
5. 星期天上午我去旧货市场逛了逛，本来想能遇到一两件喜欢的东西，结果__________。
6. 两人见面后一直__________，都无话可说。

C.

1. __________外面很冷，其实屋子里一点儿都不冷。（别看　虽然）
2. __________他开车来接我，要不，我才不去呢。（除非　只有）
3. __________这个办法才能解决我们的问题。（除非　只有）
4. 我__________等到十点，他也没来。（始终　一直）
5. 人家__________做我们也__________做吧。（怎样　如何）
6. 体育馆__________就是留学生食堂。（北边　北方）
7. 暑假期间，我__________才买到便宜的机票。（好不容易　很不容易）
8. 他能考上这所有名的大学是__________的。（好不容易　很不容易）
9. 经理让这个项目的__________人员去办公室开会。（关于　有关）

4 完成句子 Complete the following sentences

1. ______________________________，我没有什么意见了。（关于）
2. 要上车的时候，我发现车票找不到了，______________________________。（团团转）
3. ______________________________，路上到处都是水。（连续）
4. ______________________________，否则我根本看不清楚那是什么东西。（除非）
5. ______________________________，其实她的心可好了。（别看）
6. 他在信中告诉我，他们那所大学如何漂亮，__________________，希望我也考到那所大学去。（如何）

5 完成会话 Complete the following dialogues

1. A：你不是给他打电话了吗？他来不来？
   B：打是打了，可是________________。（始终）
2. A：你找到他了没有？
   B：没有，宿舍、教室和图书馆都找遍了，________________
   ________________。（连……也/都……）
3. A：我觉得这个女演员不怎么漂亮。
   B：________________，她可会演戏了。（别看）
4. A：我发现你学习特别努力。
   B：我________________这次留学的机会，
   所以，一定得好好珍惜。（好不容易）
5. A：你今年寒假想不想去旅行？
   B：我还不太会说汉语，________________，
   否则我今年不想去旅行。（除非）
6. A：你怎么了？病了吗？怎么一点儿精神也没有？
   B：昨天晚上我跟朋友________________。（连续）

6 连句成段 Rearrange the sentences into a paragraph

A. 多数心理学家都这么认为，快乐也就是感觉没有负担，没有痛苦，觉得这个世界是那么美妙，自己的生活是如此的幸福
B. 快乐是一种美好的精神状态
C. 快乐和吃东西一样，各人有不同的口味，别人喜欢吃的东西，你未必喜欢，同样，别人觉得快乐的事，在你也许毫无快乐可言
D. 得到了，那才是真正属于你自己的快乐
E. 可见，快乐也是一种非常主观的感受，具有个性化的特点，因此你最好依照自己的方式去追求

____

7 改错句 Correct the sentences

1. 我始终学了一年汉语，但是还说得不好。

____

2. 我姐姐结婚了一个有钱的人，但是并不幸福。

____

3. 听了他讲的故事，我的眼睛哭了。

____

4. 小姐，你能不能帮忙我找找到这本书，我想借。

____

5. 当时在座三个人我都不认识。

____

6. 我将这个故事深深地感动了。

____

8 完成下列成语并造句 Complete the following idioms and make sentences

1. 莫____其妙　　2. 一无所____　　3. ____人问津　　4. 默默无____

9 情景表达 Situational expressions

1. 下面的句子什么时候说？

（1）除非你去，我才去。

（2）真是“踏破铁鞋无觅处”！

（3）这个人简直莫名其妙！

（4）当时急得我团团转。

2. 下面情景怎么说？

（1）房间里或某个你经常出入的地方，放了一件你看着不喜欢的东西，怎么说？（碍眼）

（2）你要去参加 HSK 考试了，准考证却忘记放在什么地方了，这时你的心情怎么样？（团团转）

（3）朋友有了好事，你也很高兴，怎么说？（为）

10 综合填空 Cloze

爱心项链

在一个风雪交加的夜晚，一个名叫克雷斯（Kèléisī）的司机被困在郊外，(1)________的汽车坏在了半路上。(2)________他急得团团转的时候，有一个骑马的中年男子路过此地，这位男子用马把他的汽车拉到了一个小镇上。当克雷斯拿出钱来向他表示感谢的时候，这位男子说："不要这样，我不求回报，能帮助你，我也很高兴，(3)________就足够了。但我希望你能给我一个承诺，当看到别人有困难的时候，你也要尽力去帮助他。"

在以后的日子里，克雷斯帮助了许多人，(4)________也对被帮助的人说了同样的话。

四年后，克雷斯被洪水困在了一个小岛上，一位青年帮助了他，当他感谢这个青年的时候，青年竟然也说出了那句克雷斯永远不会忘记的话："能帮助你我很高兴，这就足够了，我不求回报，但我希望你给我一个承诺……"(5)________心中顿时涌起一股暖流。

爱心是不需要回报的，如果说有回报，那就是当我们帮助了别人，使别人得到快乐和幸福时，(6)________自己也会感到同样的快乐，这就足够了。爱心又是可以传递的。如果说，每一件善事都是一颗珍珠的话，(7)________我们每一个人都可以是一条金线。用爱心把它们串起来，(8)________是一条最珍贵的、无价的项链。

小词典

1. 项链	xiàngliàn	（名）	necklace
2. 风雪交加	fēngxuě-jiāojiā		snowstorm
3. 承诺	chéngnuò	（动）	promise
4. 传递	chuándì	（动）	pass on
5. 珍珠	zhēnzhū	（名）	pearl
6. 无价	wújià	（动）	priceless

11 会话 Dialogue

两棵大白菜

甲：我看了这篇课文，也为那位先生的真诚和善良而感动。

乙：是啊，我在中国学习和生活时，也遇到过这样的事，不过不是香蕉，而是大白菜。

甲：什么？大白菜？

乙：说起来已经是很多年以前的事了。大白菜在中国北方是非常普通的菜，但是那时候，却是市民冬天的当家菜，几乎家家都要买很多大白菜存起来，准备冬天吃。

甲：那跟你有什么关系呢？

乙：你听我说嘛。一天早上，我丈夫突然告诉我，晚上要请几个同事来家里吃白菜馅儿饺子。说起做白菜馅儿饺子来，我还是跟我的中文老师学的。我丈夫说我做的饺子好吃，非要请同事来尝尝我的手艺不可。

甲：你丈夫可真有意思。

乙：是啊，他想向朋友显摆显摆。于是，吃过早饭，我就去我们住的宾馆对面的菜市场买肉馅儿、白菜。谁知道，菜市场那几天正忙着卖冬储大白菜，根本没有人手，不零售白菜。这下我可急了，怎么办呢？我不能因为买不到大白菜而让丈夫和他的朋友们失望啊。

甲：后来呢？

乙：没办法，我就在菜场旁边转来转去，看到很多人在忙着买菜、运菜。有的人买了成堆的大白菜。这时，我看见一个大妈买了不少大白菜，就走过去，用半生不熟的汉语对她说："我丈夫想吃白菜馅儿饺子，我要买一棵白菜，可是售货员个个忙得团团转，不零售，您能不能卖给我一棵大白菜？"

甲：你还真有勇气。结果呢？

乙：这位大妈看了看我说："你是外国人吧？"我说："是。"大妈二话没说，就从她那一堆白菜里，细心地挑了两棵嫩绿的大白菜，然后递到我手里说："拿去吧。"我连忙问："多少钱？"大妈笑着说："送给你了，不要钱。""不要钱？这怎么行？"我觉得不好意思。大妈看出了我的心事，就笑着说："我又不是卖菜的，怎么能要你的钱呢？再说，两棵大白菜，值不了多少钱。"看我有些不好意思，大妈又和颜悦色地说："外边冷，快拿回家去吧，别耽误了给你丈夫做饺子。"听了大妈的话，看她一脸的真诚，我向她深深地鞠了一躬，非常感动地回到了家里。晚上，当我把这件事讲给丈夫和他的同事们听的时候，他们也都很感动。我丈夫感慨地说："一个普通的中国人啊，心胸像他们的国土一样广阔。"

小词典

1.	白菜	báicài	（名）	Chinese cabbage
2.	馅儿	xiànr	（名）	stuffing
3.	饺子	jiǎozi	（名）	dumpling
4.	显摆	xiǎnbai	（动）	show off
5.	勇气	yǒngqì	（名）	courage; nerve
6.	二话没说	èrhuà méi shuō		say nothing
7.	和颜悦色	héyán-yuèsè		have a kind face; with kind and pleasant countenance
8.	心胸	xīnxiōng	（名）	breadth of mind
9.	广阔	guǎngkuò	（形）	vast; broad

12 阅读 Reading

路　遇

说起来，已经是多年前的事了，但我一生难忘。

那年我从军校毕业，回青海探亲。过郑州站后，我发现钱包不见了。

这意味着以后几天我将在饥饿中度过。

刚从郑州上车并坐在我对面的，是一位穿着随便但气质不凡的男人，他的行李中有一块画板，我问他："您是画家吧？"

"我在广州打工，专搞商品画的临摹，算不上画家。"他淡淡地说，然后就专心地读手中的一本杂志。

车到西安时，我已饥饿难忍。好在身上还有半包香烟，便起身走到车厢外边，一支接一支地抽起来。

他看我不吃东西，便几次抬起头，不解地看我一眼，然后又埋头阅读。

香烟抽完后，我觉得更饿了。喝水就成了我充饥的唯一方式。邻座一位妇女看我一杯接一杯地喝水，便递给我几个苹果说："小伙子，出门在外，别太节俭，吃点儿水果吧。"为了面子，我居然谢绝了这份美食和善意，尽管我心中很想吃。

夜里车上缺水，我的杯子也早没水了。在一个小站上，窗外有人卖水。对面的他买了一瓶，然后问我要不要一杯。我违心地摇了摇头。他盯着我的空杯子，犹豫了一会儿，然后坐下了。

这一夜我迷迷糊糊地，不知睡了多久，等我醒来，发现茶几上摆着四瓶啤酒，两只烧鸡，他看我醒了，就笑着对我说："今天是我30岁生日，解放军同志，能不能陪我喝一杯？"我看他一脸的诚恳，就说："好吧！"于是，他递给我一瓶啤酒，自己也打开了一瓶，然后站起来，举起酒瓶，对我说："来陪我喝一瓶吧！"说罢，跟我碰了一下，自己先喝了几口，接着，又递给我一个鸡腿，亲切地对我说："看样子，你好像比我小几岁。来，为我30岁生日助助兴吧！"我也站起来，想了一下说："祝福你的生日，谢谢你的生日！"然后，一仰脖子，喝了半瓶。他满意地一笑："坐下吧，边喝边聊。"

两瓶啤酒，一只烧鸡，把我的肚子吃得饱饱的，大约过了半个小时，到了他要下车的地方。他收拾好行李，将那本杂志郑重地交到我手上，意味深长地说："到家路还长，留给你读吧，别弄丢了。"然后便匆匆下车。我从车窗里，目送着他的背影远去……

回想与他相处的过程以及他下车前的话语，我忽然想，他的"生日"

会不会是精心设计的？而且……我急忙翻开手中的杂志，果然，那里面夹着一张崭新的百元钞票……

（根据许申高的文章改写）

小词典

1. 穿着	chuānzhuó	（名）	dress; apparel
2. 气质	qìzhì	（名）	temperament; disposition
3. 不凡	bùfán	（形）	out of the ordinary; out of the common run
4. 临摹	línmó	（动）	copy (a model of calligraghy or painting)
5. 充饥	chōng jī	（动）	allay (or appease) one's hunger
6. 节俭	jiéjiǎn	（形）	thrifty; frugal
7. 违心	wéixīn	（动）	against one's will; contrary to one's convictions
8. 迷迷糊糊	mímihūhū		dazed; confused
9. 助兴	zhù xìng	（动）	liven things up; add to the fun
10. 郑重	zhèngzhòng	（形）	serious; earnest
11. 意味深长	yìwèi-shēncháng		of profound significance

读后回答下列问题 Answer the following questions

1.“我”是个解放军战士吗？“我”遇到了什么麻烦？
2.“我”对面坐的是个什么人？
3. 那个画家为什么要让“我”为他的生日助兴？今天真的是这位画家的生日吗？
4. 画家下车时为什么要送给“我”一本杂志？

13 写一写 Writing

写一件让你难忘的事或一个让你难忘的人。要求：真实，不少于300字。

快乐汉语 Happy Chinese 3-4

想要小狗

妈妈又要生孩子了，她对三岁的儿子说："儿子，你想要个弟弟呢？还是想要妹妹？"

儿子想了想，认真地说："妈妈，要是不麻烦的话，我想要一只小狗。"

第四课 Lesson 4 放炮

一 课文 Kèwén Text

4-1

一个第一流的合唱团正在进行年度公演，著名的作曲家、声乐家、钢琴家、乐评家……全都到场欣赏。

一章又一章地过去，优美动人的歌声，如行云流水。每个字、每个音符都仿佛从指挥棒中倾吐而出。不只表现了严格的训练与歌唱家的水平，而且显示了团员们心灵的默契。音乐会感动了到场的每一个人，大家陶醉在优美的歌声中，如醉如痴。

突然，一个高亢嘹亮的歌声从女高音部发出，那是独唱，但来自非独唱的位置。指挥猛地一抬头，差点儿乱了拍子。虽然这一切不过两三秒钟的时间，便又恢复正常，但是大家都知道：有人放炮了。女高音部不知是谁在不该她唱的时候开了口，这是合唱团最尴尬的事，何况出现在这首屈一指的合唱团里。

演唱在雷鸣般的掌声和献花中闭幕。指挥却气急败坏地冲向后台，走进议论纷纷的团员中间："刚才是谁放的炮？"

"是我……"一个新进团不久的女团员正躲在角落里抹眼泪。

值得庆幸的是，这时有贵宾走入后台，指挥快步走上前去迎接。

"我想见见那位放炮的女团员。"受到举世尊崇的声乐大师说，"我已经很久很久没听过这么圆润美好、高唱入云的声音了，好好培养，必成大器。"

就这样，那个因放炮而被全团指责、感到无地自容的女孩子，居然成了大师的学生。不出所料，她果然在后来放出了惊人的异彩，成了一位著名的女高音歌唱家。

有人只见别人的错误，有人却能在错误中发掘优点，发现人才。这后者，不仅要有识人的慧眼，更要具有广阔的胸怀。

（选自《刘墉精品集》，有改动）

根据课文回答问题　Answer the questions according to the text

1. 这个故事发生在什么地方？
2. 这个合唱团的水平怎么样？
3. 演出当中发生了什么令他们尴尬的事？
4. 指挥是怎么表现的？
5. 为什么这位举世尊崇的大师要见那位团员？
6. 后来出现了什么喜剧性的结果？

二 生词 Shēngcí　New Words

4-2

1.	放炮	fàng pào	（动）	make a false start; shoot off one's mouth
2.	一流	yīliú	（形）	first-class; first-rate
3.	合唱	héchàng	（动）	chorus
4.	年度	niándù	（名）	year (a yearly period fixed for a certain purpose)
5.	公演	gōngyǎn	（动）	perform in public; give a performance publicly
6.	作曲	zuò qǔ		compose; write music (for a song)
7.	家	jiā		specialist
8.	声乐	shēngyuè	（名）	vocal music
9.	乐评	yuèpíng	（名）	music review
10.	到场	dào chǎng	（动）	be present
11.	章	zhāng	（量）	movement; chapter

12. 动人	dòngrén	（形）	moving; touching
13. 歌声	gēshēng		sound of singing; singing
14. 行云流水	xíngyún-liúshuǐ		like floating clouds and flowing water —natural and spontaneous
15. 音符	yīnfú	（名）	(musical) note
16. 仿佛	fǎngfú	（副、动）	seemingly; as if; seem
17. 指挥棒	zhǐhuībàng	（名）	baton
18. 倾吐	qīngtǔ	（动）	say what is in one's mind without reservation
19. 显示	xiǎnshì	（动）	show; display
20. 团员	tuányuán	（名）	member; group member
21. 默契	mòqì	（形）	tacit agreement; tacit understanding
22. 陶醉	táozuì	（动）	be intoxicated (with happiness, etc.)
23. 如醉如痴	rúzuì-rúchī		as if intoxicated and stupefied
24. 高亢	gāokàng	（形）	loud and sonorous; resounding
25. 嘹亮	liáoliàng	（形）	(of sound) loud and clear
26. 部	bù	（量）	part; section
27. 独唱	dúchàng	（动）	(vocal) solo
28. 非	fēi	（动、副）	be not; non-; in-; un-
29. 位置	wèizhì	（名）	place; position
30. 指挥	zhǐhuī	（名、动）	conductor; command
31. 猛	měng	（副）	suddenly
32. 拍子	pāizi	（名）	beat
33. 不过	búguò	（副）	only; merely; no more than
34. 恢复	huīfù	（动）	return; restore
35. 首屈一指	shǒuqū-yìzhǐ		come first on the list; be second to none
36. 雷鸣	léimíng	（动）	be thunderous
雷	léi	（名）	thunder
37. 献花	xiàn huā	（动）	present flowers or a bouquet

38.	闭幕	bì mù	（动）	lower the curtain; conclude
39.	气急败坏	qìjí-bàihuài		flustered and exasperated; utterly discomfited
40.	议论纷纷	yìlùn-fēnfēn		all sorts of comments; widespread comment
41.	角落	jiǎoluò	（名）	corner
42.	抹	mǒ	（动）	wipe
43.	庆幸	qìngxìng	（动）	felicitate oneself on (an unexpected favorable outcome); rejoice
44.	贵宾	guìbīn	（名）	honored guest; distinguished guest
45.	举世	jǔshì	（名）	throughout the world
46.	尊崇	zūnchóng	（动）	worship; revere; venerate
47.	大师	dàshī	（名）	great master; master
48.	圆润	yuánrùn	（形）	mellow and full
49.	高唱入云	gāochàngrùyún		sing loud and clear
50.	必	bì	（副）	surely
51.	大器	dàqì	（名）	outstanding talent
52.	指责	zhǐzé	（动）	censure; criticize
53.	无地自容	wúdì-zìróng		can find no place to hide oneself for shame; feel too ashamed to show one's face
54.	居然	jūrán	（副）	unexpectedly; to one's surprise
55.	不出所料	bùchūsuǒliào		as expected
56.	异彩	yìcǎi	（名）	extraordinary (or radiant) splendor
57.	发掘	fājué	（动）	see (gifted people); explore
58.	优点	yōudiǎn	（名）	merit; virtue
59.	人才	réncái	（名）	person of ability and integrity; talent
60.	后者	hòuzhě	（名）	the latter
61.	识	shí	（动）	identify
62.	慧眼	huìyǎn	（名）	sharp eyes; insight; mental discernment (or perception)

63. 广阔 guǎngkuò （形） broad
64. 胸怀 xiōnghuái （名） mind

三 词语用法 Cíyǔ yòngfǎ Usage of the Words

① 仿佛 fǎngfú（副、动）seemingly; as if; seem

“仿佛”是副词也是动词，副词的意思是“好像”，句末可以加“似的、一样”。多用于书面。例如：

1. 优美动人的歌声，如行云流水。每个字、每个音符都仿佛从指挥棒中倾吐而出。
2. 每天和年轻人在一起，我仿佛也变得年轻了。
3. 他看见老师仿佛不认识一样，连个招呼也不打，显得十分没有礼貌。
4. 看他的脸色仿佛不大高兴似的。

动词“仿佛”的意思是“差不多”。例如：

5. 他们两个年龄相仿佛，性格也很相似。

② 非 fēi（动、副）be not; non-; in-; un-

“非”意思是“不是”。只用于书面，而且多用于固定格式中。例如：

1. 突然，一个高亢嘹亮的歌声从女高音部发出，那是独唱，但来自非独唱的位置。
2. 看到这种情况，感动的心情非言语所能表达。
3. 刚开始我因为听不懂，所以常常所答非所问。
4. 对于把字句的意义和用法，我到现在还似懂非懂，不大会用。

“非……才……”表示一定要具备某一条件才能怎么样。例如：

5. 要到我们公司工作，汉语非通过 HSK 五级考试才行。

“非……不可 / 不行 / 不成”表示“一定……”。例如：

6. 要学好一门外语，非下苦功不可。

3 乱 luàn（动、形、副）confuse; messy; randomly

“乱”作动词有“使混乱，没有秩序”的意思。例如：

1. 指挥猛地一抬头，差点儿乱了拍子。
2. 这幅画虽然是赝品（yànpǐn，fake; art forgery），但是达到了以假乱真的程度。

“乱”还是形容词和副词。有“没有秩序，没有条理；心情不安宁；任意，随便”等意思。例如：

3. 几天没有收拾，屋子里显得很乱。（东西多，不整齐）
4. 这里太乱，我们找个安静的地方谈吧。（人多，声音杂，没有秩序）
5. 听到这件事，当时我心里很乱，不知道怎么办才好。（心神不宁）
6. 父母给我钱是让我来留学的，我不能乱花。（随便）

4 居然 jūrán（副）unexpectedly; to one's surprise

“居然”表示事情的发生和结果出乎意料；竟然。例如：

1. 就这样，那个因放炮而被全团指责、感到无地自容的女孩子，居然成了大师的学生。
2. 这么好的机会，你居然放弃了，真可惜。
3. 昨天晚上又打雷又下雨，你居然没听见，睡得真死。
4. 真没想到，他们俩居然结婚了。

四 词语用法对比 Cíyǔ yòngfǎ duìbǐ Compare the Usage of the Words

1 感动 gǎndòng（形、动） 激动 jīdòng（形、动）

感动：[moved; touched] 思想感情受外界影响而激动，引起同情或向往。
[move; touch] 使感动。

激动：[excited] 感情受刺激而冲动；不冷静。
[move] 使感情冲动。

很感动/激动　　太感动/激动了　　感动/激动得流泪
过于激动/*感动　　不要激动/*感动　　感动/*激动人
激动/*感动人心　　情绪激动/*感动　　受感动/*激动
令人感动/*激动

“激动”表示由于受到刺激而感情冲动。“感动”表示受到外界影响而产生感情上的共鸣，动词“感动”是使他人产生感情的共鸣。使人感动的一定是好人或好事，使人激动的不一定是好人或好事。例如：

感动：看完这个老人的故事，他感动得说不出话来了。（受了好的影响而产生感情震荡和共鸣。）

激动：收到北京大学的录取通知书时，他激动得说不出话来了。（受到刺激内心情绪波动。）

1. 看了这个电影我很受感动/*激动。
2. 他助人为乐的精神感动/*激动了大家。
3. 他越说越激动/*感动，一下子哭了起来。

“激动”可以用于祈使句，“感动”不能。例如：

4. 别激动/*感动，冷静点儿，有话慢慢说。

2 差点儿 chàdiǎnr（副）　　几乎 jīhū（副）

差点儿：[almost; nearly] 表示某种事情接近实现或勉强实现。

几乎：[almost; nearly] 差不多，接近于；差点儿。

差点儿/几乎摔倒　　差点儿/几乎迟到　　差点儿/几乎买到
几乎/*差点儿找遍了　　几乎/*差点儿全白了
几乎/*差点儿比我高一头

“几乎”有“差点儿”的意思，口语中多用“差点儿”。如果是说话人不希望实现的事情，说“差点儿+动词”或“差点儿没+动词”时，都表示事情没有实现，含有庆幸的意思。如果是说话人希望实现的事情，说“差点儿+动词”是惋惜未能实现，说“差点儿没+动词”是庆幸终于勉强实现了。“差点儿”可以用于肯定句，也可以用于否定句，而“几乎”多用于肯定句。例如：

1. 我今天差点儿 / 几乎迟到。（没迟到）
2. 我刚才差点儿 /* 几乎没摔倒。

“差点儿”可以单独用，“几乎”不能单独用。例如：

3. A：你今天迟到了吗？
   B：差点儿 /* 几乎。

“几乎”有“差不多、接近于”的意思，“差点儿”没有这个意思。例如：

4. 屋子里我几乎 /* 差点儿找遍了，也没看见你的手机。
5. 他几乎 /* 差点儿比我高了一头。
6. 爸爸的头发几乎 /* 差点儿全白了。

3 却 què（副） 但是 dànshì（连）

却：[(*weaker than* 但是 *or* 可是) but; yet] 表示转折。

但是：[(*used to introduce the next part of a sentence and indicate unexpectedness or exception*) but; however] 用在后半句话里表示语义的转折，往往与“虽然、尽管”等呼应。

“却”和“但是”都表示转折，“却”比“但是”的语气轻一些，“但是”常常用在后半句的开头，在主语前边，而“却”只能用在主语后边，不能用在主语之前。例如：

但是：虽然那里是大沙漠，但是地下水非常丰富。

却：虽然那里是大沙漠，地下水却非常丰富。

1. 虽然已经取得了很大的成绩，但是 /* 却我们也不应该骄傲。
2. 我们大家都在努力学习，他却 /* 但是不知道跑到什么地方去了。
3. 尽管我有很多话要跟他说，一见面却 /* 但是说不出来了。
4. 这篇课文很长，生词却 /* 但是不多。

“却”还可以与“但是”一起用，一起用时“却”要跟在“但是”的后边。例如：

5. 他很聪明，虽然不怎么努力，但是成绩却不错。

4 躲 duǒ（动） 藏 cáng（动）

躲：[hide (oneself); dodge] 离开不利的危险的事物或不适合呆的地方；躲避。
藏：[hide; conceal] 到隐蔽的地方不让人看见。
[store; lay by] 收存，储藏。

躲 / 藏人 躲 / 藏起来 躲 /* 藏雨 躲 /* 藏汽车
躲 /* 藏开 藏 /* 躲东西

表示隐蔽，不让人发现的意思时，"藏"和"躲"可以通用。例如：

1. 他来了，你快藏 / 躲起来，别让他看见你。

表示离开某个地方时，只能用"躲"，不能用"藏"。例如：

2. 车来了，快躲 /* 藏开！
3. 雨下大了，我们先到商店里躲一躲 /* 藏一藏吧。
4. 她不愿意见我，为了躲 /* 藏我，就从另一条路走了。

表示收存的意思时，只能用"藏"，不能用"躲"。例如：

5. 你把我的打火机藏 /* 躲在什么地方了？
6. 地下室很大，可以藏 /* 躲很多东西。

5 居然 jūrán（副） 竟然 jìngrán（副）

居然：[unexpectedly; to one's surprise] 表示出乎意料；竟然。
竟然：[unexpectedly; to one's surprise] 表示出乎意料。
[go so far as to] 超出常理的。

居然 / 竟然没来 居然 / 竟然睡着了 居然 / 竟然考了 100 分
居然 / 竟然当面撒谎 居然 / 竟然答应了 居然 / 竟然不同意

"居然"和"竟然"都有事先没有想到的意思，"居然"多用于书面，"竟然"书面和口语都可以。例如：

1. 两千多年前造的剑，出土以后居然 / 竟然还有光亮。
2. 他居然 / 竟然把我送给他的礼物扔了。

"竟然"可以只用"竟"，"居然"不能只用"居"。例如：

3. 他平时不是很努力，这次考试竟/* 居得了九十分。

6 具有 jùyǒu（动） 有 yǒu（动）

具有：[have (something abstract); possess] 有。

有：[have; possess] 表示领有（跟“无”和“没”相对）。

[there is; exist] 表示存在。

具有 / 有信心　　具有 / 有伟大意义　　有 /* 具有个弟弟

有 /* 具有词典　　有 /* 具有暖气　　不具有 /* 有

“具有”和“有”的意思一样，但是用法不同。“具有”的宾语只能是抽象名词，“有”的宾语可以是抽象名词也可以是具体名词。“具有”的否定要说“不具有”，“有”的否定是“没有”。例如：

1. 一个人应该具有 / 有诚实的品质。
2. 组织大学生参加志愿者活动，对他们的成长具有 / 有重要意义。
3. 我的房间里有 /* 具有空调。
4. 我现在还没有 /* 具有达到这个水平。
5. 他还不具有 /* 有当翻译的资格。

五 练习 Liànxí Exercises

1 语音 Phonetic exercises 4-3

1. 辨音辨调 Distinguish the pronunciations and tones

动人 dòngrén	同人 tóngrén
仿佛 fǎngfú	反复 fǎnfù
指挥 zhǐhuī	吃亏 chī kuī
显示 xiǎnshì	现实 xiànshí
心灵 xīnlíng	心领 xīnlǐng
恢复 huīfù	回复 huífù
举世 jǔshì	局势 júshì
大师 dàshī	大使 dàshǐ

2. 朗读 Read aloud the following poem

huì chóng chūn jiāng wǎn jǐng
惠 崇 春 江 晚 景

sòng sū shì
（宋）苏轼

zhú wài táo huā sān liǎng zhī
竹 外 桃 花 三 两 枝，
chūn jiāng shuǐ nuǎn yā xiān zhī
春 江 水 暖 鸭 先 知。
lóu hāo mǎn dì lú yá duǎn
蒌 蒿 满 地 芦 芽 短，
zhèng shì hé tún yù shàng shí
正 是 河 豚 欲 上 时。

2 词语 Read aloud the following phrases

欣赏音乐	欣赏歌剧	很欣赏	不太欣赏
优美的歌声	优美的艺术	风景优美	姿态优美
严格要求	严格训练	非常严格	不太严格
值得高兴	值得称赞	值得学习	值得表扬
举世闻名	举世震惊	举世尊崇	举世无双
发掘人才	发掘文物	发掘潜力	发掘出来
居然来了	居然没听见	居然得了一百分	
广阔的田野	广阔的海洋	广阔的胸怀	广阔天地
行云流水	高唱入云	如醉如痴	首屈一指
议论纷纷	不出所料	无地自容	气急败坏

3 选词填空 Choose the words to fill in the blanks

A. 举世　严格　优美　欣赏　乱　值得
仿佛　恢复　正常　陶醉　广阔　公演

1. 中央电视台的艺术团下个星期将在我们这里__________。

2. 中国的民间传说“梁山伯与祝英台”是一个__________动人的故事。
3. 她在中国生活已经五年了，这里__________成了她的第二故乡。
4. 老师对我们的要求非常__________，每篇课文都要求读十遍。
5. 这种情况很__________，不值得大惊小怪。
6. 我完全被这美妙的歌声__________了。
7. 自行车和汽车互不相让，行人也很多，所以这里的街道上总是显得很__________。
8. 爸爸手术以后身体__________得很快，现在已经能下地走路了。
9. 这个国家发展的经验很__________我们学习。
10. 这一事件__________震惊。
11. 世界上最广阔的地方是天空和海洋，比天空和海洋还要__________的是我们的胸怀。
12. 你会__________意大利歌剧吗?

B.

议论纷纷	不出所料	高唱入云
如醉如痴	无地自容	首屈一指

1. 我非常喜欢她的歌，尤其是那首《青藏高原》，简直是__________，令人听了荡气回肠。
2. 这个乐团在中国是__________的。
3. 他是个京剧迷，只要听到京剧，就会摇头晃脑，__________地跟着唱起来。
4. 我的一个学生，在大学的时候就非常优秀，我当时想，这个孩子将来一定能成才。__________，他现在已经当上了他们国家的驻华大使。
5. 由于事情处理得不公平，大家对这件事__________。
6. 在这样重要的场合，我却唱砸了，真感到__________。

C.

1.我去的时候就剩这最后一个了，__________没买到。（差点儿　几乎）
2. 他一个月的工资__________是我的两倍。（差点儿　几乎）

3. 每个房间都__________一台电视机。（有　具有）
4. 大家都认为，他不__________当领导的品质和才能。（有　具有）
5. 我还没有见过这么__________人心的场面。（激动　感动）
6. 这个故事__________了成千上万的人。（激动　感动）
7. 他最近总__________着我，不知道为什么。（躲　藏）
8. 尽管我已经努力了，成绩__________总上不去。（但是　却）
9. 虽然他说很喜欢我，__________我并不喜欢他。（但是　却）

4 完成句子 Complete the following sentences

1. 这一事件__________________，而且影响到了国民的心理。（不只）
2. 突然听到这个消息，__________________________________。（乱）
3. 这次运动会他们队获得了第一名，______________________。（值得）
4. 在国内的时候，到了一个新地方还觉得不习惯，________________
____？（何况）
5. 虽然已经快五十岁了，可是__________________________。（仿佛）
6. 真没有想到，丢了快一年的车子______________________。（居然）

5 完成会话 Complete the following dialogues

1. A：你觉得昨天晚上的音乐会怎么样？
B：好极了，我____________________________________。（陶醉）
2. A：你遇到过让你尴尬的情况吗？
B：当然遇到过，有一次，________________________________
____。（无地自容）
3. A：我怎么也不习惯吃中国的香菜（xiāngcài，coriander）。
B：很多中国人也不习惯，__________________________？（何况）
4. A：你认为怎样才能有广阔的胸怀？
B：这个问题可不好说，__________________________________，
恐怕还得有丰富的生活经验和阅历。（除了……以外）
5. A：我觉得一个女孩子只要能嫁个好老公就行，干吗要那么努力地学习？太苦了。

B：没想到________________，那你来留学干什么？（居然）

6. A：她怎么也把头发染成了黄的？

B：这有什么________________，她想染就染了呗。（值得）

7. A：我要是把头发染成黄的，我爸爸________________________________。（非……不可）

B：我也是。

6 连句成段 Rearrange the sentences into a paragraph

A. 智者不夸耀自己的成功，而把光荣归于命运之神，凡是把成功完全归于自己的人，往往会得到不幸的结局

B. 但是，另一方面，人的命运也往往是由人自己造成的，每个人都是自身的设计师。一个具有优良素质的人，能在必要时发挥这种素质而推动幸运的车轮转动

C. 不能否认，一些偶然性常常会影响一个人的命运，例如，长相漂亮，机遇凑巧，遇到了赏识你的人，等等

D. 意外的幸运有时会使人狂妄，然而来之不易的幸运却能使人成为大器

____

7 改错句 Correct the sentences

1. 她的歌声很优秀，听说她是中国有名的歌星。

____

2. 因为乱吃东西，我坏了肚子，不能去上课了。

____

3. 值得幸运的是，这次他没有赶上那架出事的飞机，不然他死了。

____

4. 因为我没有叫她去，她很气急败坏。

____

5. 我看她俩形影不离，关系仿佛好得像姐妹一样。

____

6. 我小的时候，爸爸妈妈也想培养我成钢琴家，可是我不喜欢钢琴，没办法。

____

8 完成下列成语并造句 Complete the following idioms and make sentences

1. ____论纷纷	2. 不出所____	3. 高唱入____
4. 如____如痴	5. 无____自容	6. 首屈____指

9 情景表达 Situational expressions

1. 下面的句子什么时候说？
   （1）只要一看足球赛，他就如醉如痴。
   （2）值得庆幸的是我今天没有坐公交。
   （3）当时我感到非常尴尬。
2. 下面情景怎么说？
   （1）一个人能够发现别人发现不了的道理或人才，怎么评价这个人？（慧眼）
   （2）一个人发起脾气来，不顾一切，怎么形容这个人？（气急败坏）
   （3）听音乐或看比赛非常入迷，怎么说？（陶醉 / 如醉如痴）

10 综合填空 Cloze

勇敢的人

几年前，我当记者的时候，有一次要出国去采访亚洲影展。

我好不容易才办好了各种文件，送到摄影协会的一位先生那里，可是刚回到家，（1）________接到他的电话，说我少了一份文件。

“我刚才放在一个信封里交给你了。”我说。

“没有，我没有看到。”对方回答。

我立刻跑回影协办公室，当面告诉他，我确实仔细检查过，装在信封里交给了他。

他举起我的信封，抖了抖说："你看，没有。"

"我以人格担保，我装了。"我大声说。

"我也以人格担保，没有收到。"他也大声吼道。

"你找找看，一定掉在了什么地方。"我吼的声音更大了。

"我早找了，我还没有那么糊涂，你一定没给我。"他也吼得更响。

眼看采访的日子就要到了，(2)________只好气呼呼地赶回公司，又去一关一关地求爷爷、告奶奶地办那份文件。就在我办的时候，突然接到影协那个人的电话。

"对不起，先生，(3)________我不对，不小心把你的那份文件夹在别人的文件里了，实在对不起，请你原谅。"

我一下愣住了，忘记当时是怎么挂上电话的。

(4)________今天我已经忘了那个人的姓名，(5)________不知为什么，我总是忘不了他。明明是他的错，但是我却觉得他很伟大，伟大在于他诚实，肯承认自己的确是错了。(6)________明明可以为保全自己的面子，把发现的东西毁掉，但是他没有这样做，(7)________来诚恳地道歉、认错，还一再请求我的原谅。

这很了不起。

我佩服他，觉得他不但是一个认真的人，(8)________是一个可敬的、勇敢的人。

小词典

1.	影展	yǐngzhǎn	（名）	photo exhibition
2.	文件	wénjiàn	（名）	file; official document
3.	协会	xiéhuì	（名）	association; society
4.	人格	réngé	（名）	human dignity
5.	担保	dānbǎo	（动）	guarantee
6.	愣	lèng	（动）	be dumbfounded
7.	毁	huǐ	（动）	destroy

11 会话 Dialogue

有容乃大

甲：我还想问你这个问题：一个人怎么才能有广阔的胸怀？

乙：这个问题，说起来容易，做起来难。谁都知道一个人应该具有广阔的胸怀，但是，真正做到却是非常难的。

甲：广阔的胸怀是不是天生的？

乙：虽然不能完全排除先天的因素，但是主要还是后天培养的。比如，受过良好的教育，掌握丰富的知识，经历过很多磨难和考验等，这样才可能使一个人的胸怀开阔。

甲：你的话使我想起了一位非洲政治家，我觉得他是一个胸怀广阔的人。

乙：是的，一个坐过二十多年监狱的好人，可以说有着天大的冤屈和仇恨，可是一旦他掌握了国家，却把个人恩怨完全抛弃。为了国家的安全，为了各民族之间的和解和团结，坚决主张宽容。他的为人，连他的政敌也不能不佩服。

甲：但他毕竟是伟人，我们一般人可能做不到。

乙：这要看我们追求什么。一个人如果没有对高贵人格的追求，只计较物质利益，当然不可能有广阔的胸怀。如果有对精神境界的追求，我相信，即使是普通人，也完全可以有广阔的胸怀。

甲：汉语说"海纳百川，有容乃大"。有这种美德的人，需要有大海一般的胸怀才行。我肯定做不到。对了，以德报怨的人，算不算胸怀广阔？

乙：你说呢？

小词典

1. 容	róng	（动）	hold; contain
2. 乃	nǎi	（副）	be
3. 磨难	mónàn	（名）	tribulation; hardship

4.	考验	kǎoyàn	（动）	test; trial
5.	监狱	jiānyù	（名）	prison; jail
6.	冤屈	yuānqū	（名）	injustice; wrong
7.	恩怨	ēnyuàn	（名）	feeling of gratitude or resentment
8.	抛弃	pāoqì	（动）	abandon; discard
9.	宽容	kuānróng	（形）	tolerant; forgiving
10.	政敌	zhèngdí	（名）	political opponent
11.	境界	jìngjiè	（名）	extent reached; state; realm
12.	海纳百川	hǎinàbǎichuān		the sea holds water from all rivers—be tolerant to diversity
13.	以德报怨	yǐdébàoyuàn		return good for evil; requite ingratitude with kindness

12 阅读 Reading

12 次微笑

飞机起飞前，一位乘客请求空姐给他倒杯水吃药。空姐很有礼貌地说："先生，为了您的安全，请稍等片刻，等飞机进入平稳飞行后，我会立刻把水给您送过来，好吗？"

15 分钟后，飞机早已进入平稳飞行状态。突然，乘客服务铃急促地响了起来，空姐这才意识到：糟了，由于太忙，她忘记给那位乘客倒水了。当空姐来到客舱，看见按响服务铃的果然是刚才那位乘客。她小心翼翼地把水送到那位乘客跟前，面带微笑地说："先生，实在对不起，由于我的疏忽，延误了您吃药的时间，我感到非常抱歉。"这位乘客抬起手来，指着手表说道："怎么回事，有你这样服务的吗？你看看，都过了多久了？"空姐手里端着水，心里感到很委屈，但是，无论她怎么解释，这位挑剔的乘客都不肯原谅她的疏忽。

接下来的飞行途中，为了补偿自己的过失，每次去客舱给乘客服务时，这位空姐都会特意走到那位乘客跟前，面带微笑地询问他是否需要水，或者别的什么帮助。然而，那位乘客余怒未息，一直摆出一副不合作的样子。

临到目的地前，那位乘客要求空姐把留言簿给他送过来，很显然，他要投诉这位空姐。此时，空姐心里虽然很委屈，但是仍然不失职业道德，显得非常有礼貌，而且面带微笑地说道："先生，请允许我再次向您表示真诚的道歉，无论您提出什么意见，我都将欣然接受您的批评。"那位乘客脸色一紧，嘴巴准备说什么，可是却没有开口，他接过留言簿，开始在本子上写了起来。

等到飞机安全降落，所有的乘客陆续离开后，空姐心想，这下完了。没想到，等她打开留言簿，却惊奇地发现，那位乘客在本子上写下的并不是投诉信，而是一封热情洋溢的表扬信。

是什么使得这名挑剔的乘客最终放弃了投诉呢？在信中，空姐读到这样的话："在整个过程中，你表现出的真诚的歉意，特别是你那12次微笑，深深打动了我，使我最终决定写这封表扬信而不是什么投诉信！你的素养之高，令我佩服；服务态度之好，让我感动。下次如果有机会，我还将乘坐你们这个航班！谢谢你！再见！"

小词典

1.	平稳	píngwěn	（形）	smooth and steady
2.	疏忽	shūhu	（动）	neglect
3.	延误	yánwù	（动）	incur loss through delay
4.	委屈	wěiqu	（形）	(feel) wronged
5.	挑剔	tiāoti	（动）	nitpick; be hypercritical; be fastidious
6.	补偿	bǔcháng	（动）	compensate; make up for
7.	过失	guòshī	（名）	fault; negligence
8.	留言簿	liúyánbù		visitors' book
9.	欣然	xīnrán	（形）	with pleasure; joyful
10.	热情洋溢	rèqíng yángyì		permeated (or brimming) with a warm feeling
11.	素养	sùyǎng	（名）	accomplishment; cultivated manners

读后回答下列问题 Answer the following questions

1. 这位乘客向空姐提出了什么要求？
2. 空姐为什么没有立即满足他的要求？
3. 空姐为什么把送水的事忘了？
4. 这位空姐是怎么对待自己的失误的？
5. 当飞机快要降落的时候，空姐为什么感到“这下完了”？
6. 这位乘客在留言簿上写的是什么信？为什么？

13 写一写 Writing

写一件让你感到欣慰的事。要求：真实，不少于 300 字。

快乐汉语 Happy Chinese 4-4

奇 迹

为了让学生懂得“奇迹”(qíjì, miracle; marvel) 这个词的用法，老师举例说：“比如有个人从高楼上跳了下来，但是他居然没有受伤，这是什么？”“是偶然（ ǒurán，accidental)。”学生回答。

“你们没有懂我的意思。”老师说，“假如他再次从楼上掉下来，仍然没有受伤，说明了什么？”“幸运（ xìngyùn，lucky)。”

“不。假如他第三次从楼上掉下来，仍然……”

“不可能！”学生大声说。

第五课 Lesson 5 是谁在吃别人的饼干

一 课文 Kèwén Text

5-1

一天晚上，她在机场候机。为了打发几个小时的等候时间，她买了一本书和一盒饼干，找到一个位子坐下，专心致志地读起书来。突然间，她发现坐在身边的一个青年男子伸出手，毫无顾忌地抓起放在两人中间的那个盒子里的饼干吃了起来。她不想惹事，便视而不见。

过了一会儿，心怀不满的她也开始从那个盒子里拿饼干吃。她看了看表，同时用眼角的余光看到那个“偷”饼干的人居然也在做这个动作。

她更生气了，暗自思忖：“真是个没有礼貌的家伙，如果我不是这么好心，这么有教养的话，早就把他的眼睛打肿了。”

她每吃一块饼干，他也跟着吃一块。当剩下最后一块饼干时，他不太自然地笑了笑，伸手拿起那块饼干，掰成两半，给了她一半，自己吃了另一半。

她接过那半块饼干，想道：“这人真是太没教养了！甚至连声谢谢都不说！我从来没有见过脸皮这么厚的家伙。”

听到广播里播出的登机通知后，她长出了一口气。急急忙忙把书塞进背包里，拉起小箱子，直奔登机口，连看都没看那个“贼”一眼。

上了飞机，她找到了自己的座位，坐好以后，又开始找那本书。突然，她愣在了那里。她看见，自己的那盒饼干还原封不动地在包里放着。

现在要请求那个人原谅已经为时太晚了。她心里非常难过，自己竟把那个慷慨大方的男士当成了偷吃饼干的“贼”，刚才是那么傲慢，没有礼貌，没有教养，她为此感到脸红。

故事中的这位女士就是我！

这是我一生都不会忘记的一段经历，写出来提供给读者，算是对自己过失的检讨，也算是表示忏悔以使自己心理平衡吧。

其实，生活中，我们常常自以为是，总以为事情应该是某种样子，而后来却发现，事实并不像我们所想象的那样。

因为缺乏信任，我们往往凭主观臆断去评价别人，结果常常是既不公正，又不符合事实。

由此可见，在对别人进行道德评判之前，我们应该三思而行，要先弄清楚是与非，要想到别人好的一面，而不要急于去做负面的判断。

（根据佚名的文章改写，选自《参考消息》）

根据课文回答问题 Answer the questions according to the text

1. 这位女士想怎么打发候机的时间？
2. 女士为什么心怀不满？
3. 到底是谁在吃别人的饼干？
4. 那位男子是个什么样的人？
5. 我们应该怎么评价一个人？

二 生词 Shēngcí New Words

5-2

1.	饼干	bǐnggān	（名）	biscuit
2.	打发	dǎfa	（动）	kill (time)

3. 位子	wèizi	（名）	seat
4. 专心致志	zhuānxīn-zhìzhì		be engrossed in
5. 毫无	háo wú		not at all; in the least
6. 顾忌	gùjì	（动）	have scruples; have misgivings
7. 惹事	rě shì	（动）	make trouble
8. 视而不见	shì'érbújiàn		turn a blind eye to
9. 心怀不满	xīnhuáibùmǎn		feel discontented
10. 眼角	yǎnjiǎo	（名）	corner of the eye
11. 余光	yúguāng	（名）	peripheral vision
12. 暗自	ànzì	（副）	inwardly; to oneself
13. 思忖	sīcǔn	（动）	consider
14. 礼貌	lǐmào	（名、形）	politeness; polite
15. 教养	jiàoyǎng	（名、动）	upbringing; educate
16. 肿	zhǒng	（动）	swollen
17. 掰	bāi	（动）	break off or divide with the hand
18. 脸皮	liǎnpí	（名）	face
19. 厚	hòu	（形）	thick
20. 播	bō	（动）	broadcast
21. 背包	bēibāo	（名）	backpack; knapsack
22. 奔	bèn	（动、介）	go straight to; towards
23. 登机口	dēngjīkǒu		boarding gate
24. 贼	zéi	（名）	thief
25. 原封不动	yuánfēng-búdòng		be left intact; remain untouched
26. 原谅	yuánliàng	（动）	forgive
27. 为时	wéishí	（动）	(of time) be too (early, late, soon, etc.)
28. 竟	jìng	（副）	unexpectedly
29. 慷慨	kāngkǎi	（形）	generous
30. 大方	dàfang	（形）	generous

31.	傲慢	àomàn	（形）	arrogant; overbearing
32.	提供	tígōng	（动）	provide
33.	读者	dúzhě	（名）	reader
34.	过失	guòshī	（名）	fault
35.	检讨	jiǎntǎo	（动、名）	review; self-criticism
36.	忏悔	chànhuǐ	（动）	feel repentant on realizing one's past mistakes or sins
37.	平衡	pínghéng	（形、动）	balanced; balance
38.	自以为是	zìyǐwéishì		consider oneself (always) in the right; regard oneself as infallible
39.	缺乏	quēfá	（动）	be short of; lack
40.	信任	xìnrèn	（动）	trust
41.	主观	zhǔguān	（形）	subjective
42.	臆断	yìduàn	（动）	assume; judge according to one's subjective conjecture
43.	评价	píngjià	（动、名）	evaluate; evaluation
44.	公正	gōngzhèng	（形）	just; fair
45.	符合	fúhé	（动）	accord with; tally with; be in line with
46.	由此可见	yóu cǐ kějiàn		thus it can be seen; this shows; that proves
47.	进行	jìnxíng	（动）	carry out; conduct
48.	道德	dàodé	（名）	morals; morality
49.	评判	píngpàn	（动）	pass judgment on; judge
50.	之前	zhīqián	（名）	before; ago; prior to
51.	三思而行	sānsī'érxíng		(also 三思而后行) think thrice before you act
52.	是非	shìfēi	（名）	right and wrong; yes and no
53.	急于	jíyú	（动）	be eager to; be anxious to
54.	负面	fùmiàn	（形）	negative
55.	判断	pànduàn	（动）	judge; decide

三　注释 Zhùshì　Notes

1　我从来没有见过脸皮这么厚的家伙

汉语里“脸皮薄”（liǎnpí báo，shy, literally “thin-skinned”）的意思是容易害羞，“脸皮厚”（liǎnpí hòu，bold, literally “thick-skinned”）的意思是不容易害羞或不知羞耻。

2　听到广播里播出的登机通知后，她长出了一口气

“长出了一口气”的意思是安心了、放心了，在终于脱离了危险、麻烦或不利的情况时常这么说。

四　词语用法 Cíyǔ yòngfǎ　Usage of the Words

1　同时 tóngshí（连、名）moreover; besides; at the same time

连词“同时”表示并列关系，常含有进一层的意味。名词“同时”表示在同一个时候。例如：

1. 她看了看表，同时用眼角的余光看到那个“偷”饼干的人居然也在做这个动作。
2. 要进一步提高听说能力，同时也要加强读写能力的练习。
3. 在学习汉语的同时，要多了解中国的文化。

2　暗自 ànzì（副）inwardly; to oneself

“暗自”表示暗地里，私下里。例如：

1. 她更生气了，暗自思忖：“真是个没有礼貌的家伙，如果我不是这么好心，这么有教养的话，早就把他的眼睛打肿了。”
2. 看到她的来信，我暗自高兴。
3. 他在心里暗自计划，准备用这笔钱买一套房子。
4. 知道男朋友已经不爱她了，她暗自伤心。

3 由此 yóu cǐ thus; for this reason

“由此”的意思是“从这里”。用于承接上文，加以推论。多用于书面。常说由此可见、由此可知、由此看来等。例如：

1. 由此可见，在对别人进行道德评判之前，我们应该三思而行，要先弄清楚是与非，要想到别人好的一面，而不要急于去做负面的判断。
2. 我现在觉得写汉字不再像过去那么难了，由此可见，只要坚持练习，困难是可以克服的。
3. 一个小时就到了，由此看来，这里离我们学校并不太远。

4 急于 jíyú（动）be eager to; be anxious to

“急于”表示想要马上实现或成功。例如：

1. 由此可见，在对别人进行道德评判之前，我们应该三思而行，要先弄清楚是与非，要想到别人好的一面，而不要急于去做负面的判断。
2. 一考试完，她就急于回国，连成绩单也没有拿。
3. 干什么事都不能急于求成。
4. 他因为急于发财，所以上了骗子的当。

五 词语用法对比 Cíyǔ yòngfǎ duìbǐ Compare the Usage of the Words

1 结果 jiéguǒ（名、连）　最后 zuìhòu（名）

结果：[result; outcome] 在一定阶段，事物发展所达到的最后状态。

[*used in the second clause, indicating to produce some results under certain conditions or situations*] 用在下半句，表示在某种条件或情况下产生某种结局。

最后：[final; last; ultimate] 在时间上或次序上在所有别的之后。

结果 / 最后赢了　　结果 / 最后输了　　结果 / 最后怎样

什么结果/*最后　　努力的结果/*最后　　最后/*结果胜利
最后/*结果一个　　最后/*结果一排　　最后/*结果一刻

“结果”是名词也是连词，“最后”只是名词；“结果”可以作中心语，“最后”很少作中心语；“最后”常作定语，“结果”不能作定语。例如：

1. 昨天晚上的足球赛我没有看完，结果/最后谁赢了？
2. 学习汉语跟学习其他语言一样，贵在坚持，只要坚持学下去，最后/*结果一定能成功。
3. 身体检查的结果/*最后还没有出来。
4. 这本书的最后/*结果一页怎么没有了？

2 难过 nánguò（形）　难受 nánshòu（形）

难过：[have a hard time] 生活困难，生活不好，不容易过。
　　　[sad] 心情不愉快，伤心。
难受：[feel unwell; feel ill; suffer pain] 身体不舒服。
　　　[feel unhappy; feel bad] 心中不痛快，伤心。

非常难过/难受　　心里很难过/难受　　感到难过/难受
身上很难受/*难过　　头晕得难受/*难过　　痒得难受/*难过
疼得难受/*难过　　日子真难过/*难受

“难受”既表示身体不适，也表示心情不好，“难过”则表示心情不好或生活艰难。例如：

1. 他知道自己做错了，心里很难过/难受。
2. 他难过/难受得哭了起来。
3. 他因为晕车，感到非常难受/*难过。
4. 父亲去世以后，家里的日子更难过/*难受了。

3 经历 jīnglì（动、名）　经验 jīngyàn（动、名）

经历：[go through; undergo; experience] 亲身见过、做过或遇到过。
　　　[personal experience] 亲身见过、做过或遇到过的事。

经验：[go through; experience] 经历，体验。

[experience; knowledge or skill obtained through practice] 从实践中得到的知识或技能。

经历 / 经验过　　生活经历 / 经验　　社会经历 / 经验

总结经验 /* 经历　　积累经验 /* 经历　　亲身经历 /* 经验

动词“经验”有“经历”的意思，但是常用的是“经历”。“经历”作名词时，指的是见过、做过或遇到过的事；“经验”作名词时，用来指从过去的经历中得到的知识。例如：

经历：跟我们说一个你旅行的经历吧！（旅行中发生的事情）

经验：跟我们介绍一下你旅行的经验吧！（关于旅行的知识，如何订机票、宾馆等）

1. 长这么大，我还没有经历 / 经验过这种事。
2. 他的生活经历 / 经验非常丰富。
3. 他从医三十年，有着丰富的经验 /* 经历。
4. 应该好好总结老教师的教学经验 /* 经历。
5. 他亲身经历 /* 经验过这次战争。

4 对 duì（介）　对于 duìyú（介）

对：[with regard to; concerning; to; for] 引进动作的对象或事物的关系者。

对于：[with regard to; concerning; to] 引进动作的对象或事物的关系者。

对 / 对于这个问题　　对 / 对于汉语语法　　对 / 对于汉字

对 /* 对于人　　对 /* 对于事　　对 /* 对于朋友

“对”多用于口语，“对于”多用于书面，它们都用来引入对象，能用“对于”的地方都可以换成“对”，但是，“对”的动词性较强，能用“对”的句子，有时不能用“对于”来替换。“对”直接引入的对象可以是表示人的光杆名词，而“对于”不能。例如：

1. 大家对 / 对于这个问题的看法并不一致。
2. 我对 / 对于美术作品没有什么鉴赏力。

3. 对/* 对于他刻苦学习的精神我很佩服。

4. 我想从心里对/* 对于老师说一声，敬爱的老师，谢谢您！

六 练习 Liànxí Exercises

1 语音 Phonetic exercises 5-3

1. 辨音辨调 Distinguish the pronunciations and tones

顾忌 gùjì	估计 gūjì
生事 shēng shì	省事 shěng shì
暗自 ànzì	案子 ànzi
登机 dēng jī	等级 děngjí
公正 gōngzhèng	工整 gōngzhěng
急于 jíyú	机遇 jīyù

2. 朗读 Read aloud the following poem

shān xíng
山 行

táng dùmù
（唐）杜牧

yuǎn shàng hán shān shí jìng xié
远上寒山石径斜，
bái yún shēng chù yǒu rén jiā
白云生处有人家。
tíng chē zuò ài fēng lín wǎn
停车坐爱枫林晚，
shuāng yè hóng yú èr yuè huā
霜叶红于二月花。

2 词语 Read aloud the following phrases

有教养	没有教养	有礼貌	没有礼貌
一盒饼干	一个位子	一架飞机	一本杂志
不想惹事	等候登机	暗自思忖	心理平衡

由此可见	主观臆断	三思而行	评价公正
专心致志	自以为是	心怀不满	视而不见
慷慨大方	毫无顾忌	原封不动	傲慢无礼

3 选词填空 Choose the words to fill in the blanks

A.

教养	忏悔	打发	居然
饼干	凭	想象	脸皮

1. 这种__________很好吃，不信你尝尝。
2. 感到寂寞时我会一个人到酒吧去__________时间。
3. 这次她__________答应跟我一起去旅行了。
4. 真不知道这个家伙怎么这么没__________。
5. 练习说汉语，就得__________厚点儿，不要怕说错。
6. 到这里以后我才知道，中国和我__________中的不一样。
7. 做任何事情都要从实际出发，__________主观臆断往往会出错。
8. 做了错事能表示__________，我觉得很不容易。

B.

自以为是	原封不动	专心致志
视而不见	慷慨大方	三思而行

1. 我正在__________地做作业，突然手机响了。
2. 这件事我劝你__________，不要轻易决定。
3. 他给的礼物我都__________地退还给他了，我不愿意轻易接受别人的礼物。
4. 我暗恋着一个姑娘，可她却对我__________，让我很伤心。
5. 他为人__________，所以有很多朋友。
6. 我们往往容易__________，很少“自以为非”。

C.

1. 这是这个学期__________一次考试了。　　（最后　结果）

2. 这次马拉松比赛他虽然没有得到名次，但是能够坚持到__________就很不简单。（最后 结果）
3. 他能取得这么好的成绩，是刻苦努力的__________。（最后 结果）
4. 我想从心里__________她说一声："我爱你！"（对 对于）
5. 他__________人很热情。（对 对于）
6. 屋里没有空调，热得__________。（难过 难受）
7. 父亲失业了，家里的日子很__________。（难过 难受）
8. 这本书写的都是他亲身__________的事。（经历 经验）
9. 我们最好请他给介绍一下这方面的__________。（经历 经验）
10. 这个公园离学校很近，以后我们可以__________来。（常常 往往）

4 完成句子 Complete the following sentences

1. 印象有时是不可靠的，____________________，往往会出错。（凭）
2. 很多东西我们______________________________才会珍惜。（往往）
3. 我刚学会开车，____________________________________。（毫无）
4. 他因为____，就去走私，结果把自己送进了监狱。（急于）
5. 他__________________________________，不然也得出事。（暗自）
6. ______________________________，但还是应该多想别人的好处，而不要总想别人的不好。（尽管）
7. 教我们汉语的是王老师，他既是我们的老师，____。（同时）
8. 快过年了，北京才零下几度，________________________。（由此）

5 完成会话 Complete the following dialogues

1. A：你看过鲁迅的《阿Q正传》吗？
   B：没有。____________________________。（连……也/都……）
2. A：我想用两年的时间学好汉语。
   B：学好一门外语需要长时间的实践，____。（急于）

3. A：你进去的时候他在做什么呢？
B：我进去的时候，他正在＿＿＿＿＿＿＿＿＿＿。（专心致志）
4. A：你＿＿＿＿＿＿＿＿＿＿＿＿＿＿＿＿＿＿＿＿？（凭）
B：他说爱我，其实他还有女朋友。
5. A：我觉得人与人之间产生误会是很可怕的，而语言不通＿＿＿＿＿
＿＿＿＿＿＿＿＿＿＿＿＿＿＿＿＿＿＿＿＿。（往往）
B：由此可见学习一种外语的重要性，外语就是连接不同国家或民族之间友好往来的桥梁。
6. A：你认为人什么时候容易犯错误？
B：＿＿＿＿＿＿＿＿＿＿＿＿＿＿＿＿，仅凭主观臆断去判断是非好坏的时候，最容易犯错误。（自以为是）

6 连句成段 Rearrange the sentences into a paragraph

A. 来买菜的中国人觉得有意思，都围上来看他们猜谜语
B. 我家隔壁住着一对外国夫妇，他们开了一家西餐馆，生意很不错，夫妇俩为了能够更好地在中国生活和工作下去，正在努力学习汉语
C. 她连说带比画，搞得卖菜的一头雾水，一会儿递给她一把蘑菇，她说不是，一会儿又递给她一捆菠菜，她又说不是
D. 后来是一个会说英语的姑娘帮了他们的忙，卖菜的才明白她到底要买的是什么，笑着帮她从别的摊上买到了黄豆芽
E. 一天，妻子去市场买菜，别的菜都买到了，还想买一些黄豆芽，看了半天也没找到，可又不知道“黄豆芽”汉语怎么说，就对卖菜的说：“有小小的脑袋，身子有大约十厘米左右吧。”

＿＿＿＿＿＿＿＿＿＿＿＿＿＿＿＿＿＿＿＿＿＿＿＿＿＿＿＿＿

7 改错句 Correct the sentences

1. 对他这样脸皮厚的人，我很心怀不满。

＿＿＿＿＿＿＿＿＿＿＿＿＿＿＿＿＿＿＿＿＿＿＿＿＿＿＿＿＿

2. 我第一眼看见她，眼睛一下子愣了。

＿＿＿＿＿＿＿＿＿＿＿＿＿＿＿＿＿＿＿＿＿＿＿＿＿＿＿＿＿

3. 当我知道自己错了的时候，常常脸红红的。

____

4. 八点上课一点儿早，我往往迟到。

____

5. 我的腿被蚊子吃了一口，肿肿的。

____

6. 她总是这么好心的，爱帮助别人。

____

8 完成下列成语并造句 Complete the following idioms and make sentences

1. 自以为____　　2. 原____不动　　3. 专心致____
4. 视而____见　　5. 慷慨大____　　6. ____思而行

9 情景表达 Situational expressions

1. 下面的句子什么时候说？
（1）这人真是太没教养了！
（2）我心里感到非常难过。
（3）我为此而感到脸红。
2. 下面情景怎么说？
（1）当听说自己好不容易考及格了的时候，你跟朋友分享你听到这个消息时的心情，怎么说？（长出了一口气）
（2）当发现自己错怪了朋友、同学或同事时，应该对人家说什么？
（3）你非常喜欢一个男 / 女孩子，而这个男 / 女孩子对你却一点儿感觉都没有时，怎么说？（视而不见）

10 综合填空 Cloze

谁是强盗

一天深夜，马先生下夜班回家，独自一个人走在一条黑暗的小道上。忽然，一个高个子的陌生人与他擦身而过。马先生心想：坏了，准是偷了我的东西，赶紧摸自己的口袋。(1)________，钱包不见了。(2)________既愤怒又害怕，还觉得不甘心，钱包里装着一千多块钱呢。可是前面这个人个子很高，如果打起来，自己根本不是他的对手。(3)________，便心生一计，他把手放进上衣口袋里，伸出食指装出手枪的样子，对着大个子陌生人大声喊道："站住！我是警察，快把钱包交出来！"(4)________被吓坏了，连忙停下脚步，恐惧地看着马先生，乖乖地从口袋里掏出钱包。

(5)________回到家里，把失而复得的钱包交给太太，(6)________把刚才遇到坏人的事说了一遍。(7)________听后大为惊讶："今天早上你不是换了衣服才出门的吗？你的钱包就在你换下来的上衣口袋里，(8)________已经给你掏出来，放在桌子上了。"

"啊！"………

小词典

1. 强盗	qiángdào	（名）	robber
2. 愤怒	fènnù	（形）	angry
3. 对手	duìshǒu	（名）	match; opponent
4. 计	jì	（名）	plan
5. 恐惧	kǒngjù	（形）	in horror
6. 乖乖	guāiguāi	（形）	submissive

11 会话 Dialogue

知耻近乎勇

甲：我觉得这个女士能把这件事写出来就很不简单。

乙：她也实在太不像话了。明明是自己吃了别人的饼干，还以为人家是贼。

甲：可是，这个错误完全是在无意中发生的，倒是可以原谅。况且这位女士自己并没有原谅自己，而是真心诚意地在检讨。知耻近乎勇。能知错认错，知错改错，就是好样的。

乙：我认为她的错误在于，缺乏对别人起码的信任。她没有想想，一个陌生人怎么可能去偷吃她的几块饼干呢？为什么不先想想是不是自己出了问题，而是先去想别人多么坏，这种人最让人讨厌。

甲：她毕竟很快就发现自己错了，并且表示了深深的愧疚。

乙：我还是认为，我们都应该反思：为什么人与人之间那么缺乏信任？对别人，不是首先想人家的好处，而是先想人家的坏处。如果这样，社会怎么可能建立起互信呢？

甲：这不是一两个人的问题，也不是一朝一夕就能解决的问题。恐怕需要全社会共同努力，而且需要相当长的时间，才能创造互信的社会氛围。

乙：但愿人与人之间多一些信任，少一些猜忌；多一些关爱，少一些仇视。

小词典

1.	知耻近乎勇	zhī chǐ jìnhū yǒng		feeling of shame is close to bravery
2.	愧疚	kuìjiù	（形）	ashamed and guilty
3.	反思	fǎnsī	（动）	rethink profoundly; reflect
4.	互信	hù xìn		mutual trust
5.	一朝一夕	yìzhāo-yìxī		overnight; in one day
6.	氛围	fēnwéi	（名）	atmosphere
7.	猜忌	cāijì	（动）	be suspicious and jealous of
8.	关爱	guān'ài	（动）	take care of
9.	仇视	chóushì	（动）	regard... as an enemy; look upon... with hatred

12 阅读 Reading

一张借条

妈妈在整理书架时，发现了一张借条。一看惊讶不已。这张借条竟是 20 年前立下的，借款人是张大可。他向我们家借了 200 元钱。那时的 200 元钱可不是个小数目，爸爸妈妈至少要省吃俭用一年多。

我们家的日子现在仍不宽裕，爸妈在工厂倒闭后就失业了。现在，爸爸在一家公司当门卫。他一个月 2000 多元的工资要分成三份。一份自己用，一份寄给我读大学的弟弟，一份寄回家。妈妈想起来了，这张大可那时刚从乡下进城来，住在我家隔壁，当时好像是借钱要买人力车。张大可与我家非亲非故，跟我爸妈只是一面之交，我爸妈因为看他有困难，就借给他了。

张大可现在可是有钱人了。他做生意，这些年挣了不少钱，还在花园小区买了一套房子。妈妈想了又想，便拿着这张借条去找张大可。但又担心张大可不认账。

妈妈好不容易才找到张大可。张大可好像已经不认得妈妈了。妈妈把借条给张大可看时，张大可才吃惊地望着妈妈，说："你是嫂子？"那时候，张大可总管我妈妈叫嫂子。妈妈说是。张大可看着我妈，问了家里的一些情况，一会儿，竟呜呜地哭了。说："嫂子，这么多年了，我没去问过你们，没去看过你们，我以为你们的日子过得比我还好，我对不住你们。我这个乡下人有了钱是不是忘本了？"妈妈没想到张大可会这样，连忙说："兄弟，这也不怪你，大家都忙着过自己的日子嘛。"

张大可二话没说，当即拿出 2000 元，双手递给妈妈。妈妈说："不用这么多，我只要 200 元。"张大可说："20 年了，嫂子，2000 元不多。"但妈妈还是只要了 200 元。

妈妈拿了这 200 元钱，就打电话告诉了爸爸。说起了张大可 20 年前的那张借条。

第二天，爸爸给妈妈打来电话说，他想起来了，张大可借的钱第二年就还了，只是当时爸爸一时找不到借条，所以没有把借条还给人家。

没想到，这张借条 20 年后，又出来考验我们的为人。爸爸叫妈妈赶快把钱还给张大可，并向人家道歉。

妈妈拿着钱去还给张大可，并连连道歉。张大可说：“我怎么记得这钱好像没有还呢。”妈妈说：“还了的，孩子他爸不会说错的。”

这以后，读大学的弟弟每个月都会收到一张500元的汇款单。我们知道，这是张大可寄的。收到钱后，我们每个月都会打一张借条给张大可，可是，张大可过后就把借条撕了。他保留并收藏着的，是20年前他立给我们家的那张借条。用他的话说，是这张借条使现在有钱的他想起20年前在他最困难的时候，是大哥大嫂帮助了他，他要永远记住的是这份情义。

（根据公孙燕的文章改写，选自《人生与伴侣》）

小词典

1.	借条	jiètiáo	（名）	receipt for a loan
2.	省吃俭用	shěngchī-jiǎnyòng		skimp and save
3.	宽裕	kuānyù	（形）	well-off; in easy circumstances
4.	隔壁	gébì	（名）	next door
5.	非亲非故	fēiqīn-fēigù		neither a relative nor a friend
6.	一面之交	yímiànzhījiāo		have met only once
7.	挣钱	zhèng qián		make money
8.	认账	rèn zhàng	（动）	acknowledge a debt
9.	考验	kǎoyàn	（动）	test
10.	为人	wéirén	（名）	moral quality
11.	汇款单	huìkuǎndān		cash remittance
	汇款	huì kuǎn	（动）	remit money
12.	撕	sī	（动）	tear; rip
13.	保留	bǎoliú	（动）	continue to have; keep
14.	收藏	shōucáng	（动）	collect and store up
15.	情义	qíngyì	（名）	ties of friendship

读后回答下列问题 Answer the following questions

1. 妈妈整理书架时发现了什么？
2. 妈妈为什么要去找张大可？
3. 张大可为什么要给妈妈 2000 元钱？
4. 妈妈为什么只要 200 元？
5. 后来妈妈为什么又去还这 200 元钱？
6. 张大可为什么要给“我”弟弟寄钱？
7. 你觉得文章中这几个人是些什么样的人？

13 写一写 Writing

写一件让你感到惭愧的事。要求：真实，不少于 300 字。

快乐汉语 Happy Chinese 5-4

警察与球迷

一个球迷因没有弄到票，只得爬到球场外的电线杆上观看场内的足球赛。

看了一会儿，见一个警察朝这边走来，他刚要下来，只见警察摆摆手，问：“进球没有？”球迷答道：“一比零，我们领先。”警察喜形于色，高兴而去，说：“很好，你就在上边儿看吧，小心点儿，别摔下来。”

球赛即将结束时，警察又走过来问：“几比几了？”

“一比二，我们输着呢……”没等球迷说完，警察瞪大眼睛吼道：“那你还有心思看？赶快给我下来！”

球迷吓得急忙往下滑，刚滑到一半就听到球场内欢声雷动，锣鼓齐鸣。警察忙说：“快！快！爬上去！看看谁进了。”

第六课 Lesson 6 睦　邻

一 课文 Kèwén　Text

6-1

这是中国古时候的一个故事。

梁国有一个叫宋就的，在一个边境县当县长。他们县与楚国为邻，两国边境哨所的士兵都种有瓜园。梁国哨所的士兵勤劳，每天都在瓜地里辛勤地劳动，拔草、施肥、浇水，所以他们的瓜长得特别好；楚国哨所的士兵懒惰，不愿意干活儿，他们的瓜长得不好。看到梁国哨所的瓜长得比自己的好，就非常忌妒。晚上便趁人家不防备，偷偷过去把梁国哨所的瓜蔓抓翻，使不少瓜都枯死了。梁国的哨兵发觉后，就向他们的指挥官报告，请求批准他们也偷偷过去，把楚国哨所的瓜蔓抓翻作为报复。指挥官去请示宋就。宋就说："这怎么行？报复是结怨惹祸的做法。既然知道别人干的是坏事，为什么还要向他们学？如果那样的话，只会把事情弄得更糟。我们要与邻为善，决不能以邻为壑。我教你们一个办法：你们可以派人过去，但不是去抓翻他们的瓜蔓，而是给他们的瓜施肥、浇水，使他们的瓜长得跟我们的一样好。这个行动还要秘密进行，不能让对方知道。"

于是，梁国的哨兵每晚都悄悄地过去，为楚国哨所的瓜园浇水。看到自己哨所的瓜也一天比一天长得好了，楚国的哨兵就觉得奇怪，经过细心的观察，发现是梁国哨所的士兵帮他们干的。这个县的县长听到这件事，非常感动，便把这件事报告了楚王。楚王知道后，就批评部下说："你们应该感到羞愧。要问问我们的士兵，是不是还干过别的错事。凡是做了对不起人家的事情，就要诚恳地向人家赔礼道歉。"

楚王还派使者带着礼品到梁国去访问，希望与梁国建立友好关系。从此，两国结为友好邻邦，两国人民互相往来，和睦相处。

后来，人们常以此为例，赞扬宋就为两国的睦邻友好关系做出了贡献。

（《睦邻》的故事选自《新序·杂事四》）

根据课文回答问题 Answer the questions according to the text

1. 宋就是干什么的？
2. 梁国哨所瓜园的瓜为什么长得好？
3. 梁国哨所瓜园的不少瓜为什么枯死了？
4. 宋就为什么不同意士兵们报复？
5. 宋就给士兵们出了一个什么主意？
6. 楚王是怎么处理这件事的？结果怎样？

二 生词 Shēngcí New Words

6-2

1. 睦邻	mùlín	（动）	remain on friendly terms with the neighbors
2. 古	gǔ	（形）	ancient
3. 边境	biānjìng	（名）	border; area near the line dividing two countries
4. 县长	xiànzhǎng	（名）	head of a county
5. 邻	lín		neighbor
6. 哨所	shàosuǒ	（名）	sentry post
7. 士兵	shìbīng	（名）	soldier

8.	瓜园	guāyuán		land for growing melons
9.	辛勤	xīnqín	（形）	industrious; hardworking
10.	施肥	shī féi	（动）	apply fertilizer; spread manure (for plants)
11.	浇水	jiāo shuǐ		sprinkle water; water
12.	懒惰	lǎnduò	（形）	lazy; unwilling to work or study
13.	干活儿	gàn huór		work (on sth.)
14.	人家	rénjia	（代）	(*excluding oneself or a certain person*) another person; other person; (*referring to a certain person or certain persons*) he; she; they
15.	防备	fángbèi	（动）	guard against; take precautions against possible danger or harm
16.	蔓	wàn	（名）	vine
17.	翻	fān	（动）	turn over
18.	枯	kū	（形）	(of plants, etc.) withered
19.	哨兵	shàobīng	（名）	sentry; guard
20.	发觉	fājué	（动）	find; realize
21.	向	xiàng	（介）	towards; facing
22.	指挥官	zhǐhuīguān	（名）	commander
23.	报告	bàogào	（动、名）	report
24.	批准	pīzhǔn	（动）	approve; ratify
25.	报复	bàofù	（动）	make reprisals; retaliate against those who have criticized one or who have jeopardized one's interests
26.	请示	qǐngshì	（动）	ask for instructions
27.	结怨	jié yuàn	（动）	contract enmity; incur hatred
28.	惹祸	rě huò	（动）	make trouble
29.	糟	zāo	（形）	in a wretched state; in a mess
30.	与邻为善	yǔlín-wéishàn		build a good neighborly relationship
31.	决	jué	（副）	(*used before a negative word*) definitely; certainly; under any circumstances

32. 以邻为壑	yǐlín-wéihè		do harm to a neighbor
33. 行动	xíngdòng	（名）	action
34. 对方	duìfāng	（名）	other (or opposite) side; other party
35. 细心	xìxīn	（形）	careful; attentive
36. 部下	bùxià	（名）	troops under one's command; (in a broad sense) one's subordinates
37. 羞愧	xiūkuì	（形）	ashamed
38. 凡是	fánshì	（副）	every; any; without an exception
39. 诚恳	chéngkěn	（形）	honest and sincere
40. 赔礼	péi lǐ	（动）	admit one's mistake and ask for forgiveness
41. 使者	shǐzhě	（名）	(*usually referring to diplomats*) emissary; envoy
42. 礼品	lǐpǐn	（名）	gift; present
43. 访问	fǎngwèn	（动）	visit; call on
44. 结为	jié wéi		enter into a specified relationship; become
45. 邻邦	línbāng	（名）	neighboring country
46. 往来	wǎnglái	（动）	visit each other; keep in contact
47. 和睦	hémù	（形）	harmonious
48. 相处	xiāngchǔ	（动）	get along with (each other)
49. 以此为例	yǐ cǐ wéi lì		take this as an example
50. 赞扬	zànyáng	（动）	speak highly of; praise
51. 贡献	gòngxiàn	（名、动）	contribution; contribute

专名 Zhuānmíng Proper Nouns

1. 梁国	Liáng Guó	State of Liang of the Spring and Autumn Period
2. 宋就	Sòng Jiù	a person's name
3. 楚国	Chǔ Guó	State of Chu of the Spring and Autumn Period
4. 楚王	Chǔwáng	king of the State of Chu

三 注释 Zhùshì　Notes

1 两国边境哨所的士兵都种有瓜园

“有”是“领有，具有”的意思，用在单音节动词后，结合紧密，类似一个词。例如：

1. 这种水果含有多种维生素。
2. 办公室的墙上写有“请勿吸烟”几个字。
3. 这位作家著有几十部作品。

2 这怎么行？

这是一个反问句，强调否定，意思是“不行，不能”。例如：

1. 这么重要的会你不参加，怎么行？
2. 这件事不请示领导怎么行？
3. 既然与人家有关，不跟人家打招呼怎么行？

四 词语用法 Cíyǔ yòngfǎ　Usage of the Words

1 人家 rénjia（代）(*excluding oneself or a certain person*) another person; other person; (*referring to a certain person or certain persons*) he; she; they

“人家”可以泛指说话人和听话人以外的人，和“自己”相对，大致相当于“别人”。例如：

1. 凡是做了对不起人家的事情，就要诚恳地向人家赔礼道歉。
2. 人家做坏事，自己也做，这只会把事情弄得更糟。

还可以指某个人或某些人，大致相当于“他”或“他们”。例如：

3. 晚上便趁人家不防备，偷偷过去把梁国哨所的瓜蔓抓翻，使不少瓜都枯死了。

2 使 shǐ（动）make

“使”作动词有“致使，叫，让”的意思，用于兼语句。例如：

1. 晚上便趁人家不防备，偷偷过去把梁国哨所的瓜蔓抓翻，使不少瓜都枯死了。
2. 这次旅行使他更加了解中国农村的情况。
3. 他这样做使人佩服。

3 向 xiàng（介）towards; facing

介词“向”常与名词组合在句子中作状语，引进动作对象，表示动作方向。例如：

1. 梁国的哨兵发觉后，就向他们的指挥官报告。
2. 我应该向他学习。
3. 从前边红绿灯那儿向左走，不远就到了。

4 作为 zuòwéi（动）regard as; look on as

“作为”意思是“当作”。必带名词性宾语。例如：

1. 梁国的哨兵发觉后，就向他们的指挥官报告，请求批准他们也偷偷过去，把楚国哨所的瓜蔓抓翻作为报复。
2. 我把跟售货员、服务员谈话作为练习汉语的方法。

表示就人的某种身份或事物的某种性质来说，必须带宾语，没有否定式。例如：

3. 作为单位的领导，我当然要对这件事负责。
4. 他作为特邀代表出席了这次会议。

5 决 jué（副）(*used before a negative word*) definitely; certainly; under any circumstances

“决”作副词意思是“一定，坚决”。与否定词“不、无、没”等组成否定形式，放在动词之前，在句子中作状语。例如：

1. 我们要与邻为善，决不能以邻为壑。

2. 人家好，应该向人家好好学习，决不能忌妒人家。

3. 放心吧！我决不会把这件事告诉别人的。

6 凡是 fánshì（副）every; any; without an exception

“凡是”表示在一定范围内的全部。用在主语前面。“是”可以省略不说，只说“凡”。例如：

1. 凡是做了对不起人家的事情，就要诚恳地向人家赔礼道歉。
2. 凡是他写的书，我差不多都读过。
3. 凡和他在一起工作过的，没有不佩服他的。

五 词语用法对比 Cíyǔ yòngfǎ duìbǐ Compare the Usage of the Words

1 悄悄 qiāoqiāo（副）　偷偷 tōutōu（副）

悄悄：[quietly; on the quiet] 没有声音，或声音很低；不声不响。

偷偷：[stealthily; secretly; covertly; on the sly (or quiet)] 行动不使人觉察。

悄悄 / 偷偷地走了　　悄悄 / 偷偷溜出去了　　悄悄 /* 偷偷地说

说悄悄 /* 偷偷话

这两个词都是副词，都可以作状语，但是意思不同，“偷偷”的意思是动作行为不希望别人发现，“悄悄”的意思是不发出太大的声响，不想让别人听见或怕影响别人。例如：

1. 他看老师转过身去在黑板上写字，就悄悄 / 偷偷地走出了教室。
2. 她悄悄 / 偷偷地告诉我，她有男朋友了。
3. 他常常在父母加班的时候偷偷 /* 悄悄地跑到网吧玩儿游戏。
4. 我怕惊醒他，就悄悄 /* 偷偷地出来了。

2 朝 cháo（介、动）　向 xiàng（介）

朝：[towards] 表示动作的方向。

[facing] 面对着；向。

向：[to; towards; in the direction of] 对着；表示动作的方向。

朝 / 向东　　脸朝 / 向里　　朝 / 向教室走去　　朝 / 向左拐
向 /* 朝他学习　　走向 /* 朝胜利

"朝"和"向"都表示动作的方向，宾语可以是方位处所词，也可以是表示人或物体的名词，用"朝"的句子都可以用"向"替换。例如：

1. 我们家的窗户朝 / 向南，所以光线特别好。
2. 从这儿朝 / 向左拐，不远就到她家了。
3. 遇到困难的时候要朝 / 向好的方面想想，增加自己的信心和勇气。

表示动作对象时只能用"向"，不能用"朝"。例如：

4. 我向 /* 朝玛丽借了一本语法书。

"向"可以和它的宾语一起作动词的补语，"朝"没有这个用法。例如：

5. 我们正从胜利走向 /* 朝新的胜利。

"朝"有动词的用法，"向"没有这个用法。例如：

6. 天安门坐北朝 /* 向南。

3 决 jué（副）　绝 jué（副）

决：[(*used before a negative word*) definitely; certainly; under any circumstances] 一定，坚决。（用在否定词"不、没有、无"等前面。）

绝：[(*used before a negative word*) absolutely; in the least; by any means; on any account; extremely; most] 绝对，完全（用在否定词"不、没有、无"等前面）；极，最。

决 / 绝不罢休　　决 / 绝无二心　　决 / 绝不可能　　绝 /* 决非偶然
绝 /* 决无此事　　绝 /* 决大多数

副词"决"和"绝"是同音词，它们后边都跟否定词"不、没、没有、无、非"等。如果强调主观意愿和态度的话，用"决"或"绝"都可以；如果强调客观上必定怎样，排除其他可能性的话，一般用"绝"，不用"决"。"绝"还有"极，最"的意思，如"绝大部分"，"决"没有这个用法。也就是说，凡是能用

“决”的，都可以用“绝”替换，而能用“绝”的，不一定能用“决”。书写时要注意。例如：

1. 爸爸妈妈送我来留学不容易，我决 / 绝不能遇到困难就打退堂鼓，让他们失望。
2. 既然已经答应人家了，就要言而有信，决 / 绝不能食言。
3. 大学绝 /* 决不能把一些优秀的贫家子女排斥在校门之外。
4. 他的为人我们知道，他绝 /* 决不会干出这种事来。
5. 凡是事业成功的人，都具有非凡的意志，百折不挠的精神，绝 /* 决不是那种遇到困难和挫折就灰心丧气的人。

4 细心 xìxīn（形）　认真 rènzhēn（形）

细心：[careful; attentive] 用心细密。

认真：[conscientious; earnest; serious] 严肃对待，不马虎。

非常细心 / 认真　很细心 / 认真　办事细心 / 认真　细心 / 认真照顾
认真 /* 细心工作　认真 /* 细心学习　细心 /* 认真人

“细心”和“认真”都是形容词，“认真”可以重叠使用，“细心”没有重叠形式。例如：

1. 他办事很细心 / 认真。
2. 他很细心 / 认真。
3. 做完练习要认认真真 /* 细细心心地检查一遍。
4. 她是一个细心 /* 认真人。　可以说：她是一个认真的人。

5 抱歉 bàoqiàn（形）　道歉 dào qiàn（动）

抱歉：[sorry; apologetic; regretful] 觉得对不起别人。

道歉：[apologize; make an apology] 认错，向别人说“对不起”或“抱歉”。

真抱歉 /* 道歉　很抱歉 /* 道歉　非常抱歉 /* 道歉
深感抱歉 /* 道歉

“抱歉”是形容词，可以受“很、非常、十分、特别”等副词修饰，还可单独使用或重叠，如“抱歉！来晚了”“抱歉抱歉！来晚了”；“道歉”是动词，不能直接加宾语，常用“向……道歉”或“跟……道歉”。例如：

1. 是我错了，我应该向你<u>道歉 /* 抱歉</u>。
2. A：你明天陪我一起去，好吗？
   B：真<u>抱歉 /* 道歉</u>，明天我有事，不能陪你去。
3. A：昨天你误会小王了，应该向人家<u>道歉 /* 抱歉</u>。
   B：我已经向他<u>道过歉 /* 抱过歉</u>了。

六 练习 Liànxí Exercises

1 语音 Phonetic exercises 6-3

1. 辨音辨调 Distinguish the pronunciations and tones

忌妒 jìdu	极度 jídù
哨兵 shàobīng	烧饼 shāobing
报复 bàofù	包袱 bāofu
请示 qǐngshì	轻视 qīngshì
访问 fǎngwèn	反问 fǎnwèn
往来 wǎnglái	晚来 wǎn lái

2. 朗读 Read aloud the following poem

jué jù
绝 句

táng dù fǔ
（唐）杜甫

liǎng gè huáng lí míng cuì liǔ
两 个 黄 鹂 鸣 翠 柳，
yì háng bái lù shàng qīng tiān
一 行 白 鹭 上 青 天。
chuāng hán xī lǐng qiān qiū xuě
窗 含 西 岭 千 秋 雪，
mén bó dōng wú wàn lǐ chuán
门 泊 东 吴 万 里 船。

2 词语 Read aloud the following phrases

辛勤地拔草	辛勤地劳动	细心地观察	细心地发现	
瓜园	瓜地	菜园	菜地	菜苗
以邻为壑	与邻为善	结怨惹祸	和睦相处	
好好学习	偷偷听	慢慢进去	悄悄说话	轻轻地开门
向朋友赔礼道歉	向受害人赔礼道歉		向对方赔礼道歉	

3 选词填空 Choose the words to fill in the blanks

A.

惭愧	访问	道歉	使	往来
贡献	与	相处	细心	忌妒

1. 不能以邻为壑，要__________邻为善。
2. 想起这件事，我就觉得很__________。
3. 我们国家的领导人从今天起开始对中国进行友好__________。
4. 他这个人最大的缺点就是爱__________别人。
5. 我们愿与世界各国友好__________，互相帮助，共同发展。
6. 我们两国人民友好__________的历史已经有一千多年了。
7. 只有向受害者真心地赔礼__________，才能得到人家的原谅。
8. 做完练习以后要再__________检查一下，以免出错。
9. 他为两国人民的友好往来做出了特殊__________。
10. 这次出国留学__________我学到了许多书上学不到的东西。

B.

1. 你真是个__________人，这个错字我都没有看出来。（认真　细心）
2. 只有__________做事，__________做人，才可能成功。（认真　细心）
3. 我们应该__________他学习。（向　朝）

4. 从前边红绿灯那儿__________左拐，不远就到了。 （向 朝）
5. 我没有告诉爸爸妈妈，是__________跑出来的。 （悄悄 偷偷）
6. 迟到了，我__________地走进教室，坐在后边。 （悄悄 偷偷）
7. 实在__________，明天我不能陪你去。 （抱歉 道歉）
8. 既然知道自己错了，就应该向人家__________。 （抱歉 道歉）
9. 发生这样的事情__________非偶然。 （决 绝）
10. 江河__________不可能倒流，太阳也__________不会从西边出来。 （决 绝）

4 完成句子 Complete the following sentences

1. 她不但长得很漂亮，________________________________。（而且）
2. 我把去中国各地旅行________________________________。（作为）
3. 你既然答应了人家，________________________________。（就）
4. ________________________________，我要对你的将来负责。（作为）
5. 你知道自己做错了，为什么__________________________？（向）
6. ________________________________，为什么还向他学？（既然）
7. 他这么说，________________________________。（使）
8. 小张是特意来看你的，________________________________？（人家）

5 完成会话 Complete the following dialogues

1. A：这个活动，我可以不参加吗？
   B：这是语言实践课，__________________________？（怎么行）
2. A：你怎么那么喜欢旅行？
   B：我是把旅行__________________________的。（作为）
   A：你都去过哪些地方？
   B：________________________________。（凡是）
3. A：他怎么能干出这样的事？
   B：他之所以这么干，完全是__________________________。（忌妒）
4. A：如果是你遇到了这么一个好姑娘，你会怎么办？

B：______________________________。（向）

5. A：如果是你，会不会也产生忌妒心理？

B：______________________________。（决）

6. A：如果一个学生常常不来上课，你怎么办？

B：______________________________。（作为）

6 连句成段 Rearrange the sentences into a paragraph

A. 她犹豫了老半天，最后对老人说："老婆婆，我给你这两块钱，你找我一块好吗？" 老婆婆愉快地答应了

B. 她做了一件好事，同时又没有委屈自己的嘴，她有一颗纯真的心

C. 邻居的小女孩儿拿着妈妈给她的两块钱去买零食，路上碰到一个伸手要钱的老婆婆

D. 小女孩儿用那一块钱买了一串糖葫芦，吃着跑回来了

____

7 改错句 Correct the sentences

1. 我每想起这件事就觉得惭惭愧愧的。

____

2. 爸爸每天都工作，非常辛勤。

____

3. 我住 305 号，正好跟玛丽为邻居。

____

4. 她很对人忌妒，我非常不喜欢。

____

5. 我说这话，想使他不生气。

____

6. 我做完以后又细细心心地检查了一遍，才交给老师。

____

8 情景表达 Situational expressions

1. 下面的句子什么时候说？

（1）这怎么行！

（2）她这个人的忌妒心太重。

（3）你应该向人家赔礼道歉。

2. 下面情景怎么说？

（1）他看到朋友考得比自己好，心里觉得不是很高兴。怎么表述他的心情？（忌妒）

（2）知道自己错了，心里非常难过，怎么表达？（羞愧）

（3）朋友因为自己的男/女朋友不跟她/他好了，就想报复他/她，你怎么劝她/他？（决不）

9 综合填空 Cloze

一个奖杯

要问我最珍贵的东西是什么，是一个奖杯。

这个奖杯是我高中时作为足球队员参加全市运动会获得冠军而得到的。可是奖杯是我们足球队的，并不是给我个人的，（1）________怎么会到我的手里呢？

每年八月，我们县都要举行一届夏季高中运动会。这一年，我们学校也入选参加了。以前，我们队踢得相当不错，可是从没得过冠军，总是亚军或第三名。（2）________次比赛是我们获得冠军的最后机会，因为我们很快就要毕业离校了，（3）________大家都更加刻苦地训练，大有不拿冠军誓不罢休的劲头。

可是，就在比赛前几天，我在练习时一下子把脚崴了，疼得厉害，不能参加这次比赛了，（4）________感到非常沮丧，尤其是由于我不能参加，我们队的实力要受到很大影响。因为我是队里的主力，没有我，全队的力量差不多减了一半，我感到实在对不起大家。

不管怎么样，比赛还要参加。虽然我没有上场，但是我们队踢得非常好，随着比赛的进行，大家越踢越好，终于闯入了决赛。

决赛开始了，对方是经常夺得冠军的强队。过去，两个队比赛，我们从来没赢过他们，谁都以为这次我们队也非输不可。（5）________出乎大家的意料，这次我们队踢得特别好，队员们个个发挥得都非常出色，居然获得了这届比赛的冠军。比赛一结束，他们都向我拥来，把我拉到赛场里并向我表示祝贺，这是怎么回事呢？冠军是他们，而不是我。（6）________看我困惑的样子，就说："在这两年多的时间里，不管苦乐你都和我们在一起，可是这最后的比赛你却不能参加，我们都为你惋惜。再说，如果由于没有你而没获得冠军，你该多难过啊！所以，我们比赛前都说好了，这次一定要好好踢，争取拿冠军，让你和我们一起高兴。本来我们的技术不如对方，可是正因为这个，我们更加团结，（7）________战胜了对手。"

听了这些话，（8）________感动得流下了眼泪。多好的朋友啊！

市体育协会给我们颁发了两个奖杯，大的摆在学校里，小的，学校校长按照大家的建议，特地颁给了我。从此，我手里就有了这个奖杯。这个奖杯不是一般的奖杯，而是友谊的结晶啊！

我珍惜这奖杯，（9）________珍惜同学们的友谊。

小词典

1.	誓不罢休	shìbúbàxiū		swear not to stop
2.	崴	wǎi	（动）	(of one's foot) sprain
3.	沮丧	jǔsàng	（形）	dejected; depressed
4.	决赛	juésài	（动）	final
5.	惋惜	wǎnxī	（形）	feel sorry for sb. or about sth.
6.	协会	xiéhuì	（名）	association; society
7.	颁发	bānfā	（动）	award; issue
8.	结晶	jiéjīng	（名）	crystallization

10 会话 Dialogue

与邻为善

甲：这篇课文让我懂得了一个很深的道理。

乙：什么道理？

甲：就是千万不能以邻为壑，而要以邻为伴，与邻为善。

乙：可是，这话说起来容易，实际做起来并不容易。

甲：是。我就有深切的体会。

乙：什么体会？

甲：我家楼上新搬来了一户人家，有个小男孩儿，特淘气。从幼儿园一回来，就在家里折腾，把地板弄得咚咚响。只要他在家，我们家就不得安宁，我父亲睡觉不好，简直痛苦不堪。我几次都想上去，找那家说说去，但父亲就是不让我去。他说，他都是当爷爷的人了，怎么能为了自己，去伤了邻里和气。再说，孩子天性活泼好动，他有什么错？

乙：那怎么办呢？

甲：所以，我们就想搬家。可是，找房子哪有那么容易。楼上的男主人是个中学老师，知道我父亲是大学教授，一次，为一个什么问题，来向我父亲请教。我父亲热情地接待了他，耐心地给他解答。两人正谈着话，他儿子在楼上折腾起来了。这使他立刻觉得，楼上的动静大大影响了我们家的生活。他连忙向我父亲道歉。我父亲宽容地说："没什么，孩子嘛。"可从此以后，我们家再也听不到楼上的响声了。

乙：为什么呢？

甲：为了不影响我们，他们对自家地板做了隔音处理，家里的桌子椅子也都装上了厚厚的套子。他们还教育儿子，要打球时就去外面的花园，不能影响楼下爷爷的工作和休息。

乙：看来，宽容友善的处世，得到的一定是友好善意的回报。

甲：是！

11 阅读 Reading

铁杵成针

李白是中国唐代一位伟大的诗人。

据说，他小时候很贪玩儿，读书不用功。有一天，他在家读书，刚读了一会儿，就再也学不下去了，说字太难认了，文章太枯燥无味了。于是，便跑到外边玩儿去了。

他来到山间一条小河边，小河两岸，绿树成荫，山花开遍，好美的风光啊！他沿着小河边走边看，觉得比关在屋子里读书快活多了。

忽然他发现一位老婆婆在磨刀石上磨一根铁棒。她磨呀磨呀，连有人走到她跟前都没发觉。

李白在一旁看了又看，觉得非常奇怪，就开口问道："老婆婆，您这是在做什么呀？"老婆婆一边不停地磨着，一边说："我在磨针。"

"磨针？老婆婆，这么粗的铁棒怎么能磨成针呢？"李白惊奇地问，"这得磨到什么时候啊？"老婆婆抬起头来，看了看李白，笑着说："孩子，能磨成的。今天磨不成，明天接着磨，明天磨不成，后天继续磨。世上无难事，只怕有心人。只要功夫深，铁杵磨成针。"

听了老婆婆的话，李白恍然大悟。是呀，读书不也是这个道理吗？不懂的地方，天天读，总会把它读懂的。像自己这样天天贪玩儿，遇到难题就逃学，怎么能把书读好呢？要想成为一个有用的人，就应该像老婆婆那样。

于是他向老婆婆鞠了一躬，便拔腿跑回家去了。从此以后，他用铁杵磨针的毅力，专心致志，刻苦学习，终于成了一个名垂青史的大诗人。

小词典

1. 李白	Lǐ Bái	（专名）	Li Bai (701—762), a great poet of the Tang Dynasty
2. 贪玩儿	tān wánr		be too fond of play

3. 枯燥无味	kūzào-wúwèi		dull and boring
4. 磨	mó	（动）	grind
5. 世上无难事，只怕有心人	shì shàng wú nánshì, zhǐ pà yǒuxīnrén		Nothing in the world is difficult for one who sets his mind on it.
6. 只要功夫深，铁杵磨成针	zhǐyào gōngfu shēn, tiěchǔ mó chéng zhēn		If you work at it hard enough, you can grind an iron rod into a needle—perseverance spells success.
7. 恍然大悟	huǎngrán-dàwù		suddenly see the light; suddenly realize what has happened
8. 逃学	táo xué	（动）	play truant; cut class
9. 拔腿	bá tuǐ	（动）	lift the foot (and begin to run)
10. 毅力	yìlì	（名）	willpower; will
11. 名垂青史	míngchuí-qīngshǐ		be crowned with eternal glory

读后回答下列问题　Answer the following questions

1. 李白是什么人？
2. 他为什么跑到外边去玩儿？
3. 他在小河边遇到了什么人？
4. 这个老婆婆在干什么？
5. 李白听了老婆婆的话有什么反应？
6. 这个故事告诉了我们什么道理？

12 写一写 Writing

写一个你们国家古代的故事。要求：有意思，有意义，不少于300个字。

快乐汉语 Happy Chinese 6-4

要对学生好

开学第一天，校长就把新来的教师本思乐（Běnsīlè）请到了办公室，语重心长地对他说："假如有学生考试得90分以上，那你要对他好，因为他将来可能是科学家，会对社会有所贡献。假如有学生得80分以上，你也要对他好，因为将来他会返校当教师，可能是你的同事。假如有学生得60分，你也要对他好，因为以后他会赚大钱，还可能捐给学校很多钱，帮助学校盖大楼。假如有学生考试作弊被抓住，你更要对他好，因为他将来会当上议员或者总统，所以要对他更好。"本思乐带着一头雾水，走出了校长室。

第七课 Lesson 7 学诗

一 课文 Kèwén Text

7-1

我七岁的时候，就开始跟着祖父学诗。因为祖父住的屋子很大，我就闹着一定要睡在祖父的屋里。

早晨念诗，晚上念诗，半夜醒了也是念诗。念一阵子，念困了再去睡觉。

祖父教我念《千家诗》。没有课本，全凭口头传授。祖父念一句，我就跟着念一句。

祖父说："少小离家老大回……"我也说："少小离家老大回……"

至于祖父说的都是些什么字，什么意思，我全不知道，只觉得念起来那声音很好听，所以很高兴地跟着喊。我喊的声音，比祖父的声音要大好几倍。我一念起诗来，我家的五间房里都可以听见。祖父怕我喊坏了喉咙，常常警告我说："房盖儿都快被你抬走了。"

听了这话，我的声音小了一会儿工夫，过了不久，就又喊起来了。夜里也照样地喊，母亲吓唬我，说再喊她就打我。祖父也说："没有你这样念诗的，你这不叫念诗，简直是乱叫！"

但我觉得要是不让我叫，我念它干什么？每当祖父教我一首新诗，一开头我如果觉得不好听，就说："不学这首。"于是祖父就换一首，换了的不好听，我还是不要。

"春眠不觉晓，处处闻啼鸟。

夜来风雨声，花落知多少。"

这一首诗，我很喜欢。一念到“处处闻啼鸟”的“处处”两字，我就高兴起来，觉得这首诗实在是好，真好听，“处处”，多么好听！

还有一首我更喜欢的：

“重重叠叠上楼台，几度呼童扫不开。

刚被太阳收拾去，又为明月送将来。”

这“几度呼童扫不开”我根本不知道是什么意思，总念成“西汤忽通扫不开”。越念越觉得好听，越念越觉得有味儿。每当客人来了，祖父总叫我念诗，我就总喜欢念这一首。那客人不知道懂了没有，只是点头说好。

就这样瞎念，到底不是长久之计。念了几十首以后，祖父就开始讲解了。

“少小离家老大回，乡音无改鬓毛衰。”

祖父说：“这是说小的时候离开了家到外边去，老了回来。家乡的口音还没改变，胡子可都白了。”

我问祖父：“为什么小的时候要离家？离家到哪儿去？”

祖父说：“好比我像你这么大离开家，现在老了回来了，谁还认识我呢？‘儿童相见不相识，笑问客从何处来。’小孩子见了就招呼着说：‘你这个白胡子老头儿，是从哪里来的呀？’”

我一听觉得不大好，赶快就问祖父：“我也要离家吗？等我胡子白了回来，爷爷您也不认识我了吗？”

祖父一听就笑了：“等你老了还有爷爷吗？”祖父说完了，看我不太高兴，又赶快说：“你是不离家的，你哪里能离家呢？……快！再念一首诗吧！念‘春眠不觉晓’……”

我一念起“春眠不觉晓”来又是大喊大叫，得意极了，把什么都忘了。

后来再学新诗，祖父一定要先讲解意思，我那大嚷大叫的习惯也稍改了一点。

“两个黄鹂鸣翠柳，一行白鹭上青天。

窗含西岭千秋雪，门泊东吴万里船。”

这首诗本来我也很喜欢的，“黄梨”是很好吃的，但经祖父一讲，这黄鹂是一种鸟，于是我就不喜欢了。

“去年今日此门中，人面桃花相映红。

人面不知何处去，桃花依旧笑春风。”

这首诗祖父讲了我也不明白，但我喜欢这首诗。因为其中有桃花，桃树一开花不就结桃子吗？桃子不是很好吃吗？

所以每念完这首诗，我就接着问祖父：“今年咱们的桃树开花不开花？”

长大以后，我还是喜欢诗，也常常念诗，只是不再大嚷大叫了。有时回忆起这段往事，觉得很可笑，甚至有点儿荒唐，但它确实给我的童年生活增添了不少色彩和乐趣。

（选自萧红的《呼兰河传》）

根据课文回答问题　Answer the questions according to the text

1. 祖父是怎么教“我”学诗的？
2. 用现代汉语讲讲“春眠不觉晓……”这首诗的意思。
3. 用现代汉语讲讲“去年今日此门中……”这首诗的意思。
4. 用现代汉语讲讲“两个黄鹂鸣翠柳……”这首诗的意思。
5. 用现代汉语讲讲“重重叠叠上楼台……”这首诗的意思。

二　生词 Shēngcí　New Words

7-2

1.	祖父	zǔfù	（名）	(paternal) grandfather (*used in written Chinese*)
2.	闹	nào	（动）	make a noise

3.	一阵子	yízhènzi		a period of time; a spell
4.	课本	kèběn	（名）	textbook
5.	口头	kǒutóu	（名）	oral; in words
6.	传授	chuánshòu	（动）	pass on (knowledge, skill, etc. to others)
7.	喉咙	hóulong	（名）	throat
8.	警告	jǐnggào	（动）	warn
9.	盖儿	gàir	（名）	cover
10.	工夫	gōngfu	（名）	time
11.	照样	zhàoyàng	（副）	as before
12.	吓唬	xiàhu	（动）	frighten
13.	开头	kāitóu	（动、名）	start; beginning
14.	处处	chùchù	（副）	everywhere
15.	闻	wén	（动）	hear
16.	实在	shízài	（副）	really
17.	重叠	chóngdié	（动）	(of the same things) overlap
18.	度	dù	（量）	(*a measure word*) time
19.	明月	míngyuè		bright moon
20.	有味儿	yǒu weìr		interesting
21.	瞎	xiā	（副）	groundlessly; to no purpose; futilely
22.	长久之计	chángjiǔzhījì		permanent solution
23.	讲解	jiǎngjiě	（动）	explain
24.	乡音	xiāngyīn	（名）	accent of one's native place
25.	鬓毛	bìn máo		hair over the temples
	毛	máo	（名）	hair; feather
26.	衰	shuāi	（动）	decline; fall into a decline
27.	胡子	húzi	（名）	beard; moustache; whiskers
28.	好比	hǎobǐ	（动）	can be compared to; may be likened to; be just like

29. 儿童	értóng	（名）	children
30. 相见	xiāng jiàn		meet
31. 相识	xiāngshí	（动、名）	be acquainted with each other; acquaintance
32. 何处	hé chù		where
33. 老头儿	lǎotóur	（名）	(with an undertone of intimacy) old chap; geezer
34. 爷爷	yéye	（名）	(paternal) grandfather (*used in spoken Chinese*)
35. 嚷	rǎng	（动）	shout
36. 黄鹂	huánglí	（名）	oriole
37. 行	háng	（量）	*a measure word for things in a line*
38. 白鹭	báilù	（名）	egret
39. 青天	qīngtiān	（名）	blue sky
40. 千秋	qiānqiū	（名）	thousand years; ages
41. 梨	lí	（名）	pear
42. 映	yìng	（动）	shine upon
43. 依旧	yījiù	（副）	still; as before
44. 春风	chūnfēng	（名）	spring breeze
45. 开花	kāi huā	（动）	bloom
46. 桃子	táozi	（名）	peach
47. 荒唐	huāngtang	（形）	(of thought, words and actions) absurd; preposterous
48. 童年	tóngnián	（名）	childhood
49. 增添	zēngtiān	（动）	add; increase
50. 乐趣	lèqù	（名）	fun

专名 Zhuānmíng　Proper Nouns

1. 西岭	Xī Lǐng	Western Hills
2. 东吴	Dōng Wú	the State of Wu (222—280) of the Three Kingdoms Period

三 注释 Zhùshì Notes

1 萧红（Xiāo Hóng 1911—1942）

中国现代著名女作家。原名张乃莹（Zhāng Nǎiyíng）。黑龙江呼兰县人。代表作有《呼兰河传》《生死场》《马伯乐》等。本篇选自她的长篇小说《呼兰河传》。

2 《千家诗》

南宋刘克庄编。刘克庄号后村居士，所以，《千家诗》也称《后村千家诗》。

3 少小离家老大回，乡音无改鬓毛衰。
儿童相见不相识，笑问客从何处来。

这是唐代贺知章（Hè Zhīzhāng 659—约 744）的诗，题目是《回乡偶书》。

4 春眠不觉晓，处处闻啼鸟。夜来风雨声，花落知多少。

这是唐代孟浩然（Mèng Hàorán 689—740）的诗，题目是《春晓》。

5 重重叠叠上楼台，几度呼童扫不开。
刚被太阳收拾去，又为明月送将来。

这是宋代苏轼（Sū Shì 1037—1101）的《花影》。原诗为“重重叠叠上瑶台，几度呼童扫不开。刚被太阳收拾去，却为明月送将来”。

6 两个黄鹂鸣翠柳，一行白鹭上青天。
窗含西岭千秋雪，门泊东吴万里船。

这是唐代杜甫（Dù Fǔ 712—770）的诗，题目是《绝句》。

7 去年今日此门中，人面桃花相映红。
人面不知何处去，桃花依旧笑春风。

这是唐代崔护（Cuī Hù？—831）的诗，题目是《题都城南庄》。

四 词语用法 Cíyǔ yòngfǎ Usage of the Words

1 照样 zhàoyàng（副）as before

“照样”可以作副词，意思是“仍然；照旧。”例如：

1. 听了这话，我的声音小了一会儿工夫，过了不久，就又喊起来了。夜里也照样地喊。
2. 他昨天没来上课，今天照样没来，不知道为什么。
3. 上次体操比赛他就是这个动作没做好，这次照样是这个动作失败了。

2 于是 yúshì（连）thereupon

“于是”用在后一个分句句首，表示后一事紧接前一事，后一事往往是由前一事引起的，也可以用在主语后。有“这才”“这就”“因此”的意思。例如：

1. 每当祖父教我一首新诗，一开头我如果觉得不好听，就说：“不学这首。”于是祖父就换一首，换了的不好听，我还是不要。
2. 在姐姐的影响下，我也开始学习汉语了，后来姐姐要来中国留学，于是我也来了。
3. 我想去南方旅行，她想去西安，于是我们就先去西安，然后去了桂林。

3 好比 hǎobǐ（动）can be compared to; may be likened to; be just like

“好比”表示跟下边说的一样；好像。带名词、动词或小句作宾语。例如：

1. 祖父说：“好比我像你这么大离开家，现在老了回来了，谁还认识我呢？”
2. 学习外语好比爬山，到了一定的高度，再前进就觉得很难。
3. 他的话对我来说，好比一股春风，让我感到温暖。

五　词语用法对比 Cíyǔ yòngfǎ duìbǐ Compare the Usage of the Words

1 读 dú（动）　念 niàn（动）

读：[read] 看着文字念出声音；阅读。
　　[attend school] 上学。
念：[read aloud] 读。
　　[attend school] 上学。

读 / 念书　读 / 念课文　读 / 念研究生　读 /* 念者
宣读 /* 念　文章选读 /* 念

“读”和“念”是同义词，“念”一定出声，“读”可以出声也可以不出声，它们与其他词语的搭配也不尽相同。例如：

1. 请你读 / 念一遍课文。
2. 你把这首诗给奶奶读一读 / 念一念。
3. 课文要读 / 念熟，才能不断提高口语能力。
4. 这本书很值得一读 /* 念。
5. 明天下午开论文答辩会，我要宣读 /* 念论文。
6. 这本教程每课最后都有一篇有意思的选读 /* 念课文。

2 工夫 gōngfu（名）　时间 shíjiān（名）

工夫：[time] 做事所用的时间或空闲的时间。
时间：[time] 由过去、现在和将来构成的连绵不断的系统，是物质运动、变化持续性、顺序性的表现。

有工夫 / 时间　没工夫 / 时间　什么工夫 / 时间
多长时间 /* 工夫

“时间”既表示时段（有起点和终点的一段时间），又表示时点（时间里的某一点：八点十五分、五号、一月等），“工夫”只能表示时段，不表示时点。例如：

1. 我准备用三年工夫/时间学习汉语。
2. 学习外语不花工夫/时间是学不好的。
3. 现在时间/*工夫是八点三十五分。
4. 今年寒假放多长时间/*工夫?
5. 你回国的时间/*工夫定了没有?

3 照常 zhàocháng(动、副) 照样 zhàoyàng(动、副)

照常: [as usual] 跟平常一样。
[as usual] 表示情况继续不变。

照样: [according to a pattern or model] 依照某个样式。
[as before] 跟以往一样。

一切照常/照样　　照常/照样工作　　照常/照样营业
照样/*照常能做

1. 即使下雨,比赛也照常/照样进行。
2. 明天照常/照样,还是八点开始训练,别迟到!
3. 没有你,我一个人照样/*照常能完成这项工作,你就放心地走吧。
4. 我的电脑有毛病了,不能照常/*照样工作了。

4 于是 yúshì(连) 所以 suǒyǐ(连)

于是: [(*indicating that the latter immediately follows the former, and that the latter is often led to by the former*) so; then; thereupon; hence] 表示后一件事紧接着前一事,后一事往往是由前一事引起的。

所以: [(*used to introduce a clause of result, preceded by a clause of reason or cause with or without an introductory word* 因为 *or* 由于) as a result; so; therefore] 用在下半句表示结果。
[(*used between the subject and the predicate of a clause of result and followed by a clause of reason or cause introduced by* 是因为 *or* 由于) the reason why] 用在上半句主语和谓语之间,提出需要说明原因的事情,下半句说明原因。

"于是"只能用在第二个分句前边，表示在第一个分句所说的情况下，产生了下边的动作行为；"所以"表示结果，常与"因为"搭配使用，通常用在第二个分句前边，也可以倒置，用在第一个分句前边。例如：

1. 他要开车进城，问我想不想去，我正好也想进城买点儿东西，于是/所以就跟他一起去了。
2. 我学习汉语是受姐姐的影响，姐姐要来中国留学，于是/所以我就也来了。

明显的因果复句，第二个分句不能用"于是"，只能用"所以"。例如：

3. 因为感冒了，所以/*于是他两天没有来上课。

5 毕竟 bìjìng（副）　到底 dàodǐ（副、动）

毕竟：[after all] 表示追根究底所得的结论。究竟；到底。

到底：[at last; in the end; finally] 表示经过变化或曲折最后出现的结果。

[(*used in a question for emphasis*) on earth] 用在问句中表示深究。

[after all; in the final analysis] 毕竟。

[to the end] 到尽头；到终点。

毕竟/到底年轻　　毕竟/到底没有经验　　到底/*毕竟去不去
到底/*毕竟怎么样　　坚持到底/*毕竟

"毕竟"和"到底"都有"终于得到好结果"的意思，"到底"用于口语。都可以用来强调原因或理由。例如：

1. 虽然付出了很大的代价，但毕竟/到底成功了。
2. 毕竟/到底是老司机，一听就知道汽车出了什么毛病。
3. 毕竟/到底是年轻人，轻轻松松地就把这点活儿干完了。

"到底"可以用来表示追问，"毕竟"没有这个用法。例如：

4. 你明天到底/*毕竟来不来？

"到底"还可以作动词，表示到尽头，到终点。"毕竟"没有这个用法。例如：

5. 我们一定会把这个项目进行到底 /* 毕竟。

6 不再 bú zài　再不 zàibù　再也不 zài yě bù

不再：[no longer] 表示此类动作以后不会重复发生或继续进行。

再不：[no longer] 表示此类动作以后绝不会重复发生或继续进行。

再也不：[never] 表示此类动作以后永不会重复发生或继续进行。

不再 / 再不 / 再也不来往了　　不再 / 再不 / 再也不联系了

不再 / 再不 / 再也不打交道了　　不再 / 再不 / 再也不管了

不再 /* 再不 /* 再也不谈谈吗　　再不 /* 不再 /* 再也不快点儿就迟到了

再不 /* 不再 /* 再也不吃就凉了

"不再""再不""再也不"都表示已经进行过的某种行为以后不会重复发生或继续进行。不同的是，"再不"的语气比"不再"要强，而"再也不"比"再不"更强。例如：

不再：我给他发了好几封邮件，他都没回，所以后来我就不再跟他联系了。（语气平和）

再不：我给他发了好几封邮件，他都没回，所以后来我就再不跟他联系了。（略带不满）

再也不：我给他发了好几封邮件，他都没回，所以后来我再也不跟他联系了。（非常不满）

1. 跟这家公司打这一次交道就够了，以后我们不再 / 再不 / 再也不跟他们打交道了。
2. 请您原谅我，我保证以后不再 / 再不 / 再也不这样干了。
3. 你不再 /* 再不 /* 再也不喝点儿吗？
4. 不再 /* 再不 /* 再也不跟他打个招呼就走，显得没有礼貌，还是应该去跟他打个招呼。
5. 这篇稿子还得再校对一遍，不再 /* 再不 /* 再也不校对一遍，我不放心。

"再不"还可以作连词，表示如果还不做某事就会怎样。例如：

6. 快走吧，再不 /* 不再 /* 再也不快点儿就迟到了。

六 练习 Liànxí Exercises

1 语音 Phonetic exercises 7-3

1. 辨音辨调 Distinguish the pronunciations and tones

处处 chùchù	叔叔 shūshu
重叠 chóngdié	纯洁 chúnjié
相见 xiāng jiàn	乡间 xiāngjiān
青天 qīngtiān	晴天 qíng tiān
开花 kāi huā	开发 kāifā
千秋 qiānqiū	选修 xuǎnxiū

2. 朗读 Read aloud the following poem

xiāng sī
相 思

táng wáng wéi
（唐）王 维

hóng dòu shēng nán guó chūn lái fā jǐ zhī
红 豆 生 南 国，春 来 发 几 枝。
yuàn jūn duō cǎi xié cǐ wù zuì xiāng sī
愿 君 多 采 撷，此 物 最 相 思。

2 词语 Read aloud the following phrases

祖父 外祖父 父亲 叔父 伯父 姑父 舅父 姨父
费工夫 有工夫 没工夫
瞎念 瞎说 瞎看 瞎猜 别瞎想
凭口头传诵 凭票入场 凭能力挣钱 凭事实说话
长久之计 大嚷大叫 得意极了 高兴极了
回忆往事 童年生活 增添乐趣 增添色彩
风景依旧 山水依旧 依旧很努力 依旧很关心

3 选词填空 Choose the words to fill in the blanks

A.

开头	相识	童年	一阵子	好比
照样	工夫	诗	讲解	有味儿

1. 学习汉语，最好能读一些唐__________宋词。
2. 你刚来肯定有很多地方不习惯，不过没关系，过__________就好了。
3. 明天就要考试了，你怎么还有__________在这儿玩儿游戏？
4. 尽管是星期天，可图书馆里__________有很多同学在学习。
5. 要知道，万事__________难。
6. 我觉得这首诗写得很__________。
7. 有的句子如果老师不__________我根本不懂。
8. 学习__________逆水行船，不进则退。
9. 再过十年、二十年，我们可能也会相见而不__________。
10. 一个人的__________是最值得回忆的。

B.

1. 我__________了解他，是因为上大学时我俩是同班同学。（于是 所以）
2. 没有买到回家的机票，__________她决定坐高铁。（于是 所以）
3. 我的手机好像有毛病了，不能__________使用了。（照常 照样）
4. 我们一定要坚持__________。（到底 毕竟）
5. 暑假期间我__________了好多本书。（读 念）
6. 你在中国生活了多长__________了？（工夫 时间）
7. 走之前你__________去看看她吗？（不再 再不 再也不）
8. 他这样的人，我__________想见到他了。（不再 再不 再也不）
9. 你还是去医院看看吧，__________去医院，就把病耽误了。（不再 再不 再也不）

10. 我明天得去报名，________去可能就过期了。
（不再　再不　再也不）

4 完成句子 Complete the following sentences

1. ________________，所以对中国的情况比较了解。（到底）
2. 她到底是大学中文系的学生，所以大学一毕业____。（就）
3. 朋友说这个星期六想去爬山，________________。（于是）
4. 这首诗老师讲解以前我不懂，老师讲了以后____。（照样）
5. 到了中级，我觉得学习起来________________。（稍）
6. 人生________________，不可能一帆风顺。（好比）

5 完成会话 Complete the following dialogues

1. A：我怎么觉得到了中级阶段，汉语反而越学越难了？
   B：________________________，越是快到山顶的时候，当然越累。（好比）
2. A：他今天来上课了吗？
   B：________________________。（照样）
3. A：你原来是学什么专业的？
   B：________________，后来才改学汉语。（原来）
4. A：________________________。（了解）
   B：你们到底是外国人，不可能了解这方面的情况。
5. A：我生在法国，在美国长大，现在又来到了中国。
   B：________________________？（到底）
6. A：你觉得咱们学的这些课文怎么样？
   B：________________________。（觉得）

6 连句成段 Rearrange the sentences into a paragraph

A. 他的诗和他的人格一样充满了无穷的魅力，成了构建中华民族精神的重要因子

B. 但是他的性格、他的素养、他的经历，特别是他的事业，却让他无可选择地成为了一个诗人

C. 起初，他的最高理想和最大意愿，未必是想成为一个诗人

D. 于是，一个外国学者说，一个诗人赢得了一个国家

E. 正是在和人民创造历史的进程中，他顺便写了这些只能属于他的诗

____

7 改错句 Correct the sentences

1. 这些诗老师讲解了一下，我照样懂不得。

____

2. 你下次来中国，我再相见你吧。

____

3. 我还住在本来的宿舍，有空儿来玩儿吧。

____

4. 阅读对我来说比较困难，因为很多汉字我不了解。

____

5. 这一课我们学了好几个诗。

____

8 情景表达 Situational expressions

1. 下面的句子什么时候说？

（1）你别吓唬我！

（2）你不要嚷了，好不好！

（3）想起这件事我就觉得很可笑。

2. 下面情景怎么说？

（1）开车不遵守交通规则，警察发现了会怎么说？（警告、罚款）

（2）你的朋友喜欢喝酒，而且常常喝醉，你会怎么劝他？

（3）回忆自己的童年，你会怎么表达？

9 综合填空 Cloze

教育爸爸

老公在家一向不注意小节，这儿一只袜子，（1）________儿一只鞋。我和四岁的女儿还要经常地教育他。

昨天，我煮了一锅老玉米，把香喷喷的一盘放在餐桌上。我和女儿每人吃了一个。这时老公走过来随手拿起一个闻了闻，咬了两口又放回盘子里了。一旁的女儿看到后，急了。连忙向我告状："妈妈，爸爸吃两口就不吃了。"我问（2）________："你说该怎么办呢？"女儿想了想说："我有办法。"然后，把爸爸叫了过来，对他说："爸爸，跟我背诗。"（3）________莫名其妙地问："背什么诗？"

"我背一句，（4）________背一句。"

老公觉得女儿一本正经，挺好玩儿，（5）________说："好吧。"

女儿背："锄禾日当午，"老公也说"锄禾日当午"。

"汗滴禾下土，"老公也说"汗滴禾下土"。

女儿又命令说："大声点儿！"老公也说"大声点儿！"

"不对。我让你大声点儿背诗。"（6）________有点儿生气地说，"谁知盘中餐。"

"谁知盘中餐。"

"粒粒皆辛苦。"

"粒粒皆辛苦。"

"懂了吗？"女儿问。

"不懂。"老公故意说。

"我们老师说，农民伯伯种粮食不容易，要爱惜粮食，不能浪费，你不懂啊？你（7）________不听我们老师的话？"

女儿的话把我也逗笑了。老公连忙说："好！好！我听你们老师的话，把这个老玉米吃了，不就行了吗？"

女儿笑着说："(8)________就对了。"

10 会话 Dialogue

有了钱为什么不快乐

（一个人在与心理咨询热线的主持人交谈。）

甲：喂！喂！是我吗？

乙：是！您有什么问题？请讲吧。

甲：以前我在机关工作，工资很低，后来下海了，当了老板，每天辛辛苦苦地工作，挣了很多钱。可是，我有钱了，却感受不到幸福和快乐。妻子总埋怨我，说我在家的时间太少，朋友忌妒我太有钱，搞得我很烦恼。我不明白，我有了钱，可为什么没有快乐呢？

乙：啊，您的问题使我想起一个故事。海边有两个打鱼的，甲每天忙碌，乙却常常躺在树下休息，甲就问乙，你怎么总不干活儿？乙说，我干一点儿够吃够用就行了。甲教导乙说，要多干些，多打点儿鱼去卖钱，钱多了可以买条新船，就能打更多的鱼，鱼多钱就多，然后，可以买套房子，过上无忧无虑的生活。乙反问甲，你看我现在过的不就是无忧无虑的生活吗？

甲：你的意思是说，没有钱比有钱更快乐？

乙：我没有那么说，但是我坚定地认为，幸福、快乐，不完全在于钱多钱少。

甲：可有钱总应该比没有钱快乐呀。人快乐的因素虽然不完全是因为有钱，但是钱多总应该是快乐的一个条件吧。

乙：当然，一个人如果一点儿钱都没有，肯定不会快乐，也说明他没有什么能力和业绩。但是，有了钱，也有个怎么对待的问题。不少有钱的人，钱给他带来的只是烦恼，甚至是灾难。

甲：我就是这种情况。有钱了，烦恼也来了。

乙：其实，幸福快乐只是个人的一种感受，是属于精神层面的东西。钱只是获得幸福的手段，并不是人生追求的目的。如果把钱当成了人生追求的最终目的，有了钱，当然就觉得人生没有什么可追求的了。

甲：我好像真是这样的，每天想的都是多赚钱。连自己以前喜爱的业余活动也都丢了。

乙：人有多种需要，吃饱穿暖是需要，安全健康也是需要，而被爱和受尊敬同样是需要，而且是比较高级的需要。富裕起来了，当然不再为吃穿发愁了，但是，如果周围的朋友都远你而去，连爱人都埋怨你，还有什么快乐可言呢？

甲：那我该怎么办呢？

乙：我想世界上很多有钱人在这方面想得比较明白，他们有钱，但决不做钱的奴隶，而是用钱为社会做贡献，捐助公益事业、建学校、盖医院，让更多的人共享他从社会得到的财富。

甲：他们为什么把自己辛辛苦苦挣的钱捐出来呢？

乙：为了得到幸福和快乐呀。你想，当他们这么做的时候，得到的是社会的承认和尊敬。还有什么比得到人们的爱戴和尊敬更让人快乐的呢？

甲：我还是不明白。

乙：人是要有点儿精神的。这点儿精神就是为社会奉献。其实，世界上最幸福、最快乐的人，正是那些为人类的崇高事业而忘我工作、甘心奉献的人。

小词典

1. 埋怨	mányuàn	（动）	complain
2. 烦恼	fánnǎo	（形）	vexed; worried
3. 无忧无虑	wúyōu-wúlǜ		carefree
4. 层面	céngmiàn	（名）	level
5. 手段	shǒuduàn	（名）	means
6. 追求	zhuīqiú	（动）	seek; pursue
7. 目的	mùdì	（名）	purpose; aim

8.	尊敬	zūnjìng	（动）	respect
9.	奴隶	núlì	（名）	slave
10.	捐助	juānzhù	（动）	offer (financial or material assistance); donate
11.	公益	gōngyì	（名）	public good; public welfare
12.	共享	gòngxiǎng	（动）	enjoy together; share
13.	崇高	chónggāo	（形）	lofty

11 阅读 Reading

山 果

我从北京出发到云南元谋县，车窗外看到的都是荒山野岭。火车在一小站只停两分钟，窗外一群约十三四岁的男孩儿和女孩儿，都背着背篓拼命往车上挤。

我所在的车厢上来了一个女孩儿，很瘦，背篓里是满满一篓核桃。她好不容易才把背篓放下来，然后用手擦着脸上的汗水，把散乱的头发抹到后面，露出俊俏的脸蛋儿。半袖的土布小褂前后都是补丁。显然是山里的一个穷苦女娃儿。车上人很多，女孩儿不好意思挤着我，一只手扶住椅背，努力支着自己的身子。我想让她坐下，但三个人的座位再挤一个人是不可能的。我便使劲儿侧着身，让她站得舒服些。我帮她拉了拉背篓，以免影响人们过路。她向我露出感激的笑容，打开背篓的盖儿，抓起一大把核桃朝我的口袋里装，我使劲儿拒绝，可是没用，她很坚决。

慢慢地，小姑娘已不太拘束了。从她那很难懂的话里我终于听明白，她十四了，家离刚才的小站还有几十里。家里的核桃树收了很多核桃，但汽车进不了山，要卖就得背到很远的地方。现在妈妈病着，要钱治病，爸爸才叫她出来卖核桃。她是半夜起身一直走到天黑，在一个山洞里住了一夜，今天天不亮就背起篓子走，才赶上了这趟车。卖完核桃赶回来还要走一天一夜才能回到家。

“出这么远的门你不害怕吗？”我问。

“我有伴儿，一上车都挤散了，下车就见到了。”她很有信心地说。

“走这么远卖一筐核桃能赚多少钱？”

“除了来回车票钱，能剩下十五六块吧。”小姑娘微微一笑，显然这个数字让她感到鼓舞。

“还不够路上吃顿饭的呢！”我身边一位乘客说。

小姑娘马上说：“我们带的有干粮。”

那位乘客真有点儿多话，“你带的什么干粮？”

“我已经吃过一次了，还有一包在核桃底下，爸爸要我卖完核桃再吃那些。”

“你带的什么干粮？”那位乘客追问。

“红薯面饼子。”

周围的旅客听了，一时凄然。

就在这时，车厢广播要晚点半小时，火车停在了半道。我赶忙利用这个机会，对车厢里的旅客说：“这个女孩儿带来的山核桃挺好吃的，希望大家都能买一点儿。”

有人问：“多少钱一斤？”女孩儿说：“阿妈告诉我，十个核桃两毛五，不能再少了。”

我跟着说：“真够便宜的，我们那里卖十多块钱一斤呢。”

旅客纷纷来买了。我帮着小姑娘数着核桃，她收钱。那种核桃是薄皮核桃，把两个攥在手里一挤就破了，生着吃也很香。一会儿，那一篓核桃就卖了多半篓。女孩儿仔细地把收到的零钱整理好，一脸的欣喜。

很快到了站，小姑娘要下车了，我帮她把背篓背在肩上。然后取出一套红色的衣裤，放进她的背篓。对她说：“这是我买来要送我女儿的衣服，送你一套，回家穿。”她高兴地侧身看那身衣服，笑容中对我表示着谢意。这时，一直在旁边玩儿扑克的四个农民工也急忙站起来，一人拿着五十元钱远远地伸着手把钱塞给小姑娘：“小妹妹，我们因为实在带不了，没法买你的核桃，这点儿钱拿回去给你妈妈买点儿药。”姑娘哭了，她因自己不会表达心里的感谢，脸憋得通红。小姑娘在拥挤中下了车，却没有走。转回来站到高高的车窗跟前对那几位给他钱的农民工大声喊着：“大爷！大爷们！”感激的泪水挂在小脸上，不知道说什么好。那几位农民工都很年轻，大爷这称呼显然是不合适的。她又走到我的车窗前喊：

“阿婆啊，你送我的衣服我先不穿，我要留着嫁人时穿，阿婆……”声音是哽咽的。“阿婆，我叫山果，山——果——”

阳光下的这个车站很快移出了我的视线。我心里久久地念着这个名字：山果！山果！眼里泪水止不住流了出来。

车厢里又平静下来了。车窗外漫山遍野的野百合花一闪而过，连同那个小小的车站，那个瘦弱的、面容姣好的山果姑娘，那些衣衫不整的农民工，那份心灵深处的慈爱……都回荡在这莽莽的群山中。

（作者黄兴蓉，选自《文摘报》，有改动）

小词典

1. 荒山野岭	huāngshān-yělǐng		barren hills and wasteland
2. 背篓	bēilǒu	（名）	basket carried on the back
3. 核桃	hétao	（名）	walnut
4. 俊俏	jùnqiào	（形）	pretty
5. 补丁	bǔding	（名）	patch
6. 拘束	jūshù	（形）	constrained; awkward; ill at ease
7. 赚	zhuàn	（动）	earn; make a profit
8. 干粮	gānliang	（名）	solid food (prepared for a journey); field rations
9. 红薯	hóngshǔ	（名）	sweet potato
10. 凄然	qīrán	（形）	sad; mournful
11. 攥	zuàn	（动）	hold; grip; grasp
12. 扑克	pūkè	（名）	poker; playing cards
13. 憋	biē	（动）	hold back; suppress
14. 哽咽	gěngyè	（动）	choke with sobs; have a lump in one's throat
15. 慈爱	cí'ài	（形）	(of an elder person) affectionate; gentle
16. 回荡	huídàng	（动）	echo; resound

读后回答下列问题 Answer the following questions

1. 这群男孩儿和女孩儿是从哪里来的？
2. 山果坐火车去做什么？
3. “我”在车上是怎么帮助山果的？
4. 四个农民工为什么要给山果钱？
5. 看到山果后“我”的心情怎样？
6. 山果是个什么样的孩子？

12 写一写 Writing

写一写你的童年或少年。要求：写自己真实的记忆，不少于300字。

快乐汉语 Happy Chinese 7-4

必须找到

著名作家马克·吐温（Mark Twain）是个出了名的马大哈。一天，他乘火车出门时，列车员问他要票。马克·吐温翻遍了所有的口袋也没找到自己的票。所幸的是，这位列车员认出了他，于是，就客气地对他说：“先生，实在找不到也没关系，你不用着急，等你回来时再把票拿给我看看就行了。”

“噢，怎么没关系？我必须找到这该死的玩意儿，不然的话，我怎么知道我要到哪里去啊！”

第八课
Lesson 8

成语故事

一 课文 Kèwén Text

8-1

（一）愚公移山

古时候有一位老人，名叫愚公。他家前边有两座大山，又高又大，挡住了他家通向外边的路，出来进去很不方便。

有一天，愚公把全家人叫到一起，说："这两座大山正挡在我们家门口，出去进来太不方便了！我想把它搬走，你们看好不好？"

儿子、孙子们都很赞成，只有他的妻子没有信心。她说："你都快八十岁了，连山上的一块石头也搬不动，怎么能搬走这两座大山呢？再说，那么多石头又搬到哪儿去呢？"

大家说："可以把石头扔到海里去！"

第二天，愚公就带着一家人搬山去了。邻居们知道了，也高高兴兴地来帮忙，连七八岁的孩子都来了。他们不怕苦、不怕累，每天不停地挖山。

有个叫智叟的老头儿，看见愚公他们在挖山，觉得很可笑，就对愚公说："你这么大年纪了，连一棵草都拔不动，怎么能搬走这两座大山呢？"

愚公听了笑着说："你还不如一个小孩子！我虽然快死了，但是我还有儿子，儿子死了，还有孙子。子子孙孙是没有穷尽的。我们的人会越来越多，山上的石头会越搬越少。只要有决心，有毅力，持之以恒，就一定能把山搬走。"

智叟听了，没有话说了。

愚公一家搬山的事感动了上帝，他就派了两个神仙把这两座山背走了。

（二）塞翁失马

边境上住着一位老人。一天，他家的一匹马跑出去了，好几天也没有回来。邻居们都来安慰他。老人说："丢了就丢了吧，这不一定是坏事。"

过了一些天，跑出去的那匹马自己又跑了回来，还带回来了一匹好马。邻居们知道了，就来向他表示祝贺。老人却说："这样得到一匹马，不一定是好事。"

老人的儿子很喜欢骑马，常骑上那匹好马出去玩。有一次，那马突然跳起来，一下子把他从马背上摔了下来，把腿摔断了。邻居们听到这个消息，又来安慰老人。老人说："没什么，腿摔断了就好好治吧。"

不久，边境发生了战争，青年人都得去当兵打仗，很多人战死了。老人的儿子因为腿断了，不能去打仗，反而保住了生命。

（三）狐假虎威

有一只老虎，在森林中遇到一只狐狸，便扑上去把它抓住，要吃掉它。危急关头，狐狸心想，逃跑是来不及了，便故作镇静地对老虎说："大胆！老虎。你不知道我是谁吗？我是上帝派到森林里来做百兽之王的，你怎么敢吃我？你要是吃了我，上帝知道了，会要你的命的。"

老虎看到狐狸又瘦又小，心想，它这个样子怎么能当兽王呢？有点儿怀疑，就说："谁都知道，我是森林之王，你瞧你这样子，怎么当得了森林之王呢？"

狐狸不慌不忙地说："你要不信，就请你跟我到森林里去走一圈，看看那些野兽见了我害怕不害怕。"

老虎想了想同意了。

于是，狐狸大模大样在前面走，老虎紧紧跟在它后边。

森林中的野兽，看见老虎来了，一个个都吓得魂飞魄散，四处逃命。

这时，狐狸得意地对老虎说："怎么样？看见了吧。这次我就饶了你，下次你再对我这么没有礼貌，我就不客气了。"

老虎不知道野兽们害怕的是自己，还以为它们真的害怕狐狸呢，就相信了狐狸的话，说了声"对不起"，连忙走开了。

老虎一走，狐狸就赶快逃跑了。

（四）大公无私

有一次，晋平公问祁黄羊："南阳县缺一个县长，你看派谁去好呢？"祁黄羊答道："叫解狐去吧，他最合适。"平公问："解狐不是你的仇人吗？"祁黄羊说："你问我什么人担任南阳县长最合适，并没有问我他是不是我的仇人呀。"

于是，晋平公就派解狐去南阳县当县长。解狐到了南阳以后，为当地老百姓做了许多好事，受到了大家的一致称赞。

过了一些天，平公又问祁黄羊："现在，京城里需要一个法官，你看谁能胜任？"祁黄羊说："祁午可以胜任。"

平公又惊奇地说："祁午不是你的儿子吗？"

祁黄羊回答说：“你只问我谁可以胜任法官这一职务，并没有问他是不是我的儿子啊。”

于是，平公就任命祁午做了法官。祁午上任后，秉公执法，清正廉洁，也受到了人民的称赞。

孔子听到这两件事之后，说：“祁黄羊说得太好了。他不因道德才能高的人是自己的仇人而不推荐他；也不因是自己的儿子怕别人议论而埋没他。像祁黄羊这样的人，才真是大公无私啊！”

根据课文回答问题　Answer the questions according to the text

1. 愚公为什么要移山？你怎么看“愚公移山”这个故事？
2. “塞翁失马”的故事有什么意义？
3. 狐狸是怎么逃跑的？“狐假虎威”这个成语指什么人？
4. 祁黄羊为什么推荐自己的仇人和儿子？
5. 孔子是怎么评价祁黄羊的？

二　生词 Shēngcí　New Words

8-2

1.	愚公移山	yúgōng-yíshān		do things with dogged perseverance and fear no difficulty
2.	挡	dǎng	（动）	keep off; ward off
3.	孙子	sūnzi	（名）	son's son; grandson
4.	石头	shítou	（名）	stone
5.	海	hǎi	（名）	sea
6.	帮忙	bāng máng	（动）	help; give a hand
7.	挖	wā	（动）	dig
8.	年纪	niánjì	（名）	(of a person) age
9.	穷尽	qióngjìn	（名、动）	end; limit; exhaust

10.	毅力	yìlì	（名）	willpower; will
11.	持之以恒	chízhī-yǐhéng		persevere in doing sth.
12.	神仙	shénxiān	（名）	supernatural being; celestial being
13.	塞翁失马	sàiwēng-shīmǎ		a bad thing may become a good thing under certain conditions
14.	匹	pǐ	（量）	*a measure word for horses, mules, etc.*
15.	断	duàn	（动）	break
16.	战争	zhànzhēng	（名）	war
17.	当兵	dāng bīng		be a soldier; serve in the army
18.	打仗	dǎ zhàng	（动）	fight a battle
19.	保住	bǎozhù		keep; retain
20.	狐假虎威	hújiǎhǔwēi		the fox borrows the tiger's fierceness (by walking in the latter's company); like a donkey in a lion's hide; bully people by flaunting one's powerful connections
21.	老虎	lǎohǔ	（名）	tiger
22.	狐狸	húli	（名）	fox
23.	危急	wēijí	（形）	imminent danger; desperate situation
24.	关头	guāntóu	（名）	decisive juncture; turning point; moment (or juncture)
25.	逃跑	táopǎo	（动）	run away
26.	故作镇静	gù zuò zhènjìng		pretend to be calm
27.	怀疑	huáiyí	（动）	doubt; suspect
28.	不慌不忙	bùhuāng-bùmáng		unhurried; calm
29.	圈	quān	（名）	circle
30.	野兽	yěshòu	（名）	wild animal
31.	害怕	hàipà	（动）	be scared
32.	大模大样	dàmú-dàyàng		in an ostentatious manner

33. 魂飞魄散	húnfēi-pòsàn		in panic; half dead from terror
34. 逃命	táo mìng	（动）	run for one's life; scramble for safety
35. 饶	ráo	（动）	forgive; spare
36. 大公无私	dàgōng-wúsī		selfless; give no thought to oneself; be perfectly impartial
37. 仇人	chóurén	（名）	enemy; foe; person hated or opposed by sb.
38. 担任	dānrèn	（动）	assume the office of; hold the post of
39. 一致	yízhì	（副、形）	together; showing no difference; unanimous
40. 称赞	chēngzàn	（动）	praise
41. 京城	jīngchéng	（名）	capital of a country
42. 法官	fǎguān	（名）	judge; judicial official
43. 惊奇	jīngqí	（形）	surprised; amazed
44. 职务	zhíwù	（名）	post; position
45. 任命	rènmìng	（动）	appoint; nominate
46. 上任	shàng rèn	（动）	take a post; assume office
47. 秉公	bǐnggōng	（副）	justly; impartially; in accordance with a universally accepted principle or fair standard
48. 执法	zhífǎ	（动）	enforce or execute laws and decrees
49. 清正	qīngzhèng	（形）	honest and upright
50. 廉洁	liánjié	（形）	honest and incorruptible
51. 埋没	máimò	（动）	neglect; stifle

专名 Zhuānmíng Proper Nouns

1. 愚公	Yúgōng	Yugong, a character portrayed in *Liezi* who was determined to move two mountains
2. 智叟	Zhìsǒu	Zhisou, a character portrayed in *Liezi* who laughed at Yugong

3. 上帝	Shàngdì	Lord on High (in ancient Chinese thought, a deity who watches over human society and regulates the working of the universe)
4. 晋平公	Jìn Pínggōng	Jinpinggong, Monarch of the State of Jin in the Spring and Autumn Period
5. 祁黄羊	Qí Huángyáng	Qi Huangyang, a senior official of the State of Jin in the Spring and Autumn Period
6. 解狐	Xiè Hú	Xie Hu, a person of the State of Jin in the Spring and Autumn Period
7. 祁午	Qí Wǔ	Qi Wu, Qi Huangyang's son
8. 孔子	Kǒngzǐ	Confucius

三 注释 Zhùshì Notes

1 愚公移山

《愚公移山》的故事出自《列子·汤问》。比喻战胜困难，改造世界的雄心壮志和坚定不移的奋斗精神。

2 塞翁失马

《塞翁失马》的故事出自《淮南子·人间训》。常说“塞翁失马，安知非福”。比喻好事和坏事在一定条件下是可以相互转化的。坏事里有好事，好事里也有坏事。

3 狐假虎威

《狐假虎威》的故事出自《战国策·楚策一》。比喻仗着别人的权势欺压人。

4 大公无私

《大公无私》的故事出自《吕氏春秋》。赞扬了祁黄羊为国为民，大公无私的高尚品质。

四 词语用法 Cíyǔ yòngfǎ　Usage of the Words

1 又 yòu（副）(*indicating repetition or continuation*) again

表示一个动作（状态）重复发生或继续，两个动作（状态）相继发生或反复交替。例如：

1. 他去年来过，今年又来了。
2. 我想了又想，也想不出一个好办法。

表示几个动作、状态、情况同时发生或存在。例如：

3. 他家前边有两座大山，又高又大。
4. 他又会唱又会跳。

表示转折、反问和否定等语气。例如：

5. 那么多石头又搬到哪儿去呢？
6. 老师的话我都能听懂，可是让我自己说又说不出来。
7. 一个人去又有什么关系呢？我就喜欢一个人去。

2 只 zhǐ（副）only; just; merely

表示除此以外没有别的。例如：

1. 儿子、孙子们都很赞成，只有他的妻子没有信心。
2. 我只去过一次中国。
3. 只练习听说，不练习读写是不行的。
4. 我们班只有他一个人不去。

3 再说 zàishuō（连）what's more; besides

"再说"作连词用来表示推进一层，补充另一个理由或原因。例如：

1. 你都快八十岁了，连山上的一块石头也搬不动，怎么能搬走这两座大山呢？再说，那么多石头又搬到哪儿去呢？
2. 今天已经晚了，再说外边还下着雨，你明天再走吧。
3. 走了这么远，再说还没吃早饭呢，真有点儿累了。

4 不如 bù rú not as good as; not equal to; inferior to

用于比较，表示比不上；没有……好。例如：

1. 你还不如一个小孩子！
2. 我的读写能力不如听说能力。
3. 坐火车不如坐飞机快。
4. 我的汉语不如她。

五 词语用法对比 Cíyǔ yòngfǎ duìbǐ Compare the Usage of the Words

1 赞成 zànchéng（动） 同意 tóngyì（动）

赞成：[approve of; agree with (others' opinions or actions)] 同意（别人的主张或行为）。

同意：[agree; consent] 对某种主张表示相同的意见；赞成；准许。

很赞成 / 同意　　赞成 / 同意她的做法　　赞成 / 同意你的意见
赞成 / 同意这个建议　　赞成 / 同意他的要求　　投赞成 /* 同意票
赞成 /* 同意大会决议

"赞成"是非常同意，多用于正式场合；"同意"可以用于书面和正式场合，也可以用于口语。"同意"使用的语境隐含着双向行为，即在对方提出意见、建议、请求、要求时，表示允许或批准；而"赞成"可以是单方面表达自己的观点、看法。例如：

1. 我赞成 / 同意你的意见。
2. 这篇文章的观点我非常赞成 / 同意。
3. 多国代表对这一提案投了赞成 /* 同意票。
4. 在朋友圈里发这种信息，我不太赞成 /* 同意。

2 戴 dài（动） 带 dài（动）

戴：[put on; wear] 把东西放在头上、脖子上、脸上、肩上、胸上等处。

带：[take; bring; carry] 随身拿着。

[look after; bring up] 抚养，照看。

[lead; head] 领导，引导，指挥。

[show; bear; have] 附带，连带。

戴 /* 带帽子　　戴 /* 带项链　　戴 /* 带耳环　　戴 /* 带手表

戴 /* 带眼镜　　戴 /* 带花儿　　带 /* 戴照相机　　带 /* 戴孩子

带 /* 戴路　　带 /* 戴词典

这两个词的发音相同，意义和用法各异。"戴"的对象都附着在人体的各个部位，"带"的对象一般不贴着人的身体。例如：

1. 她头上戴 /* 带着一顶红帽子，脖子上戴 /* 带着项链，还戴 /* 带着一副眼镜。
2. 我们带 /* 戴束花儿去看她吧。
3. 我忘带 /* 戴手机了。
4. 我请了一个阿姨帮我带 /* 戴孩子。

3 祝 zhù（动）　祝贺 zhùhè（动）

祝：[express good wishes; wish] 表示良好的祝愿。

祝贺：[congratulate] 为共同的喜事表示庆祝或向有喜事的人道贺。

祝 / 祝贺演出成功　　祝 /* 祝贺你健康　　祝 /* 祝贺你新年好

祝 /* 祝贺你生日快乐　　祝 /* 祝贺你圣诞快乐　　向你表示祝贺 /* 祝

"祝"用于未然态，即动作行为或事情发生前；"祝贺"用于已然态，即动作行为或事情发生之后。例如：

祝：祝你考上北京大学！（还没有考试的时候说）

祝贺：祝贺你考上了北京大学！（考上北京大学以后说）

祝你一路平安！（送行时说的吉利话）不说：祝贺你一路平安！

1. 我向你们表示热烈的祝贺 /* 祝。
2. 祝 /* 祝贺你旅途愉快！
3. 祝贺 /* 祝你生了个女儿！

4. 演出结束后，领导人上台与演出人员合影，祝贺 /* 祝演出成功。

4 大胆 dàdǎn（形） 勇敢 yǒnggǎn（形）

大胆：[bold; daring; audacious] 有勇气，不害怕。

勇敢：[brave; courageous] 有胆量，不怕危险和困难。

很大胆 / 勇敢　大胆 / 勇敢的人　大胆 / 勇敢地说

大胆 / 勇敢探索　大胆 / 勇敢改革　大胆 / 勇敢前进

大胆 / 勇敢面对困难　勇敢 /* 大胆精神

“大胆”和“勇敢”意义相近，用法也有相同之处，但是“大胆”多用于口语，而“勇敢”没有此限。例如：

1. 一个人一生不可能一帆风顺，遇到困难就要勇敢 / 大胆面对，想办法去克服。
2. 要勇敢 / 大胆地探索新的知识领域。
3. 在这次捉拿逃犯的战斗中，他表现得很勇敢 /* 大胆。
4. 学习外语就要有勇敢 /* 大胆精神，不要怕说错。

“大胆”还可以用来形容想法、设计、方案等超出一般人能接受的程度，“勇敢”没有这样的用法。例如：

5. 你这个想法太大胆 /* 勇敢了，以前从来没有人这样做过。

5 合适 héshì（形） 适合 shìhé（动）

合适：[suitable; appropriate; right] 适合实际情况或客观要求。

适合：[suit; fit] 符合实际情况或客观要求。

很合适 / 适合　不合适 / 适合　正合适 /* 适合　大小合适 /* 适合

适合 /* 合适当翻译　适合 /* 合适我的口味　适合 /* 合适这里的情况

“合适”和“适合”虽然意思差不多，但是词性不同，“适合”可以带宾语，“合适”不能带宾语。例如：

1. 这双鞋我穿大小正合适 /* 适合。

2. 你的性格适合 /* 合适当老师。
3. 这次咱们班要选班长，你认为谁合适 /* 适合？
4. 这件衣服你穿着合适不合适 /* 适合不适合？
5. 这是我特意为你烧的几个菜，你尝尝适合不适合 /* 合适不合适你的口味？

“合适”还有合乎情理，令人满意的意思，“适合”没有这个用法。例如：

6. 我觉得你这样做不合适 /* 适合。

6 推荐 tuījiàn（动） 介绍 jièshào（动）

推荐：[recommend] 把好的人或事物向人或组织介绍，希望被任用或接受。
介绍：[introduce] 使双方相识或发生联系。
[recommend; introduce] 引进；带入新的人或事物。
[let (sb.) know; brief] 使了解情况或使熟悉。

推荐 / 介绍一下　　推荐 / 介绍优秀作品　　推荐 / 介绍人
自我介绍 /* 推荐　　介绍 /* 推荐情况　　推荐 /* 介绍她当经理

“推荐”的对象一般是好的人或好的事物，“介绍”的对象不受此限。例如：

1.《健康报》上推荐 / 介绍了一种治疗心脏病的新药。
2. 我给你推荐 / 介绍一本书，你可以看看。
3. 我给你推荐 /* 介绍这个人，他可以当总经理。
4. 我先介绍 /* 推荐一下，这位是李教授，这位是我们公司的马经理。

六 练习 Liànxí Exercises

1 语音 Phonetic exercises 8-3

1. 辨音辨调 Distinguish the pronunciations and tones

年纪 niánjì	年级 niánjí
生命 shēngmìng	声明 shēngmíng
惊奇 jīngqí	惊喜 jīngxǐ

当地 dāngdì　　荡涤 dàngdí
京城 jīngchéng　　进城 jìn chéng
任命 rènmìng　　人名 rén míng

2. 朗读　Read aloud the following poem

zá shī
杂　诗

táng wáng wéi
（唐）王　维

jūn zì gù xiāng lái　yīng zhī gù xiāng shì
君自故乡来，应知故乡事。
lái rì qǐ chuāng qián　hán méi zhuó huā wèi
来日绮窗前，寒梅着花未？

2 词语 Read aloud the following phrases

愚公移山	塞翁失马	狐假虎威	大公无私
大模大样	故作镇静	魂飞魄散	四处逃命
半信半疑	感到惊奇	子子孙孙	没有穷尽
秉公执法	清正廉洁	发生战争	保住生命

3 选词填空 Choose the words to fill in the blanks

A. 挡　战争　秉公执法　森林　年纪　推荐

1. 什么困难也＿＿＿＿＿不住我们。
2. 你父亲多大＿＿＿＿＿了？
3. ＿＿＿＿＿给这个国家带来了深重的灾难。
4. 中国的＿＿＿＿＿面积本来就不大，一定要好好保护。
5. 作为一个法官一定要＿＿＿＿＿。
6. 要爱护人才，＿＿＿＿＿有道德、有才能的人做重要的工作。千万不要埋没人才。

B.

大模大样	愚公移山	不慌不忙
大公无私	持之以恒	狐假虎威

1. 学习也要有__________的精神。
2. 这家伙可会__________了。
3. 他是一个__________的人，受到了当地人民的尊敬。
4. 这件事不是一朝一夕能完成的，我们必须__________，不断努力。
5. 在路上看见了老师，他竟__________地走过去，好像不认识一样。一点儿礼貌也没有。
6. 遇到这种情况，很多人都吓得魂飞魄散，而她却__________地给110打了电话，还帮助老人和孩子先离开。

C.

1. __________你们婚姻幸福，白头偕老。（祝　祝贺）
2. 我的性格不太__________做这个工作。（合适　适合）
3. 你也太__________了，一个人敢去那样的地方。（大胆　勇敢）
4. 大会__________秘书长提出的新建议。（同意　赞成）
5. 你辞职的请求董事会能__________吗？（同意　赞成）
6. 请你给我们__________路吧。（带　戴）
7. 她面__________微笑地给我们讲解，让人感到很亲切。（带　戴）
8. 首先请允许我做个自我__________。（推荐　介绍）

4 完成句子 Complete the following sentences

1. 在这危机关头，他______________________________。（不慌不忙）
2. 学校的主要工作就是教育人，要为社会______________________________。（大公无私）
3. 对不起，我现在不想谈这个问题，______________________________。（再说）
4. 他没有什么真本事，______________________________。（狐假虎威）

5. ____________，教育了一代又一代的中国人。（愚公移山）

6. 要是我在森林里遇到一只大老虎，肯定____________
____________。（魂飞魄散）

5 完成会话 Complete the following dialogues

1. A：我觉得现在最难的是读和写。
   B：可是对我来说，听说也很难。有的话刚开始觉得听懂了，可是____________。（又）
2. A：我们坐飞机去怎么样？
   B：____________。（不如）
3. A：你准备在这里读本科吗？
   B：不，____________。（只）
4. A：昨天的汉语节目表演我们班又得了个第一。
   B：是吗？太好了，____________。（祝贺）
5. A：每天的作业两个小时做得完吗？
   B：容易的时候做得完，____________。（V＋不了）
6. A：他说的这个消息是真的吗？
   B：谁知道呢，____________。（怀疑）

6 连句成段 Rearrange the sentences into a paragraph

1.

A. 当你想到某国去旅行时，首先应学习一点儿这个国家的语言
B. 否则，你就可能像一只蒙着头的牛一样到处乱撞
C. 假如身边带上一个了解该国语言和风情的向导，那对你将是大有益处的
D. 对于年轻人来说，旅游是一种学习的好方式

____

2.

A. 旅行结束回到故乡后，不要立刻就把已去过的异国丢到脑后，而

应当继续与那些新结交的朋友保持通信联系

B. 不要使自己在别人眼里，成为一个出了一次国就忘记自己是谁的人

C. 还要注意，归国后不要改头换面，穿出一身异国装束

D. 而应当做一个善于把别国的优良事物移植到自己国土上来的改良者

____

7 改错句 Correct the sentences

1. 愚公移山的故事我很觉得可笑，和智叟一样。

____

2. 我觉得愚公应该搬个家，不要去移移山。

____

3. 你读了塞翁失马的故事，怎么感想？

____

4. 他们国家战争了十几年，很多人死了，包括他的爸爸。

____

5. 要是我在路上遇到一个老虎，一定也很吓。

____

8 完成下列成语并造句 Complete the following idioms and make sentences

1. 愚公____山　　2. 塞翁____马　　3. 大____无私

4. ____正廉洁　　5. 狐假虎____　　6. 大____大样

9 情景表达 Situational expressions

1. 下面的句子什么时候说？

（1）快跑！

（2）真是狐假虎威！

（3）这个人一点儿礼貌也没有。

2. 下面情景怎么说?

（1）听到一声巨响，你十分害怕，脸都变白了。（魂飞魄散）

（2）对别人说的一件事情，你不太相信。（怀疑）

（3）妹妹的男朋友又跟别的女孩子好了，你是姐姐，怎么劝她?（塞翁失马）

10 综合填空 Cloze

战国时期，齐国有一个官员叫邹忌，长得很帅。一天早上，他穿好衣服，戴上帽子，一边照镜子一边问妻子：“（1）________跟城北的徐公比谁漂亮？”她的妻子回答说：“当然是你漂亮了，徐公怎么能比得上你呢？”邹忌知道徐公是齐国有名的美男子，所以对妻子的话不太相信，就去问自己的妾：“我和徐公比到底谁更漂亮？”妾说：“当然是你漂亮啦，徐公哪有你漂亮啊？”第二天，有一位客人来拜访他，谈话时他又问客人：“我跟徐公比，谁长得漂亮？”客人说：“徐公当然没有你漂亮。（2）________不知道您是齐国有名的美男子啊！”

后来邹忌见到了徐公，和徐公一比，他觉得自己并没有徐公漂亮，又照了照镜子，更觉得自己比徐公差远了。“那么为什么他们都说我漂亮呢？”晚上，他躺在床上想了（3）________想，终于明白了：妻子说自己漂亮是因为偏爱自己；妾说自己漂亮，是因为怕自己；客人说自己漂亮，是因为他有求于自己。

第二天，邹忌见了齐王，（4）________把这件事讲给齐王听。他说：“我知道自己长得没有徐公漂亮，可是因为我的妻子偏爱我，妾怕我，客人有事求我，他们都异口同声地说我比徐公漂亮。其实都是在说假话欺骗我。现在我们齐国是个大国，大家没有不偏爱大王的，大臣们没有不怕大王的，全国人没有不有求于大王的。（5）________，我认为，大王听到的话肯定也有不少是假话。”

听了邹忌这一番话，（6）________说：“你说得太好了。”于是，他就下了一道命令：“希望全国的人都能给国王提意见，能当面批评的，可以得一等奖；能写信批评的，可以得二等奖；能在大街上议论的，可以得三等奖。”命令一下，（7）________纷纷来给齐王提意见和建议，齐王的门口人来人往，变得像个市场一样。齐王听了大家的意见和建议，认真改进工作，努力治理国家，（8）________齐国变得越来越好，越来越强大。

11 会话 Dialogue

谈成语

学生：今天学习的这几个成语都很有意思。老师，汉语有多少成语？

老师：汉语的成语可多了，如果全部算起来大概有一两万，你看这本《成语大词典》就收了一万八千多个成语。不过，常用的成语并没有那么多。

学生：成语都是由四个字组成的吗？

老师：成语多数都由四个字组成，结构固定，简洁精炼，表示一个完整的意思。

学生：成语是怎么形成的呢？

老师：很多成语都是从史书中来的，如出自古代诗词、文章或小说等。当然，也有一些成语历史比较短。

学生：日常说话需要用成语吗？

老师：成语大都用于书面，但是，如果在日常交往中，能恰当地用成语表达自己的意思，当然更好。成语虽然只有四个字，可是内容却非常丰富，常用比喻、形容、夸张等方法讲明一个重要的道理。因此，说话或写文章能用上成语就显得准确、鲜明、生动。

学生：成语学起来很难。

老师：是比较难，但也很有意思。因为不少成语都包含着一个故事，知道了故事就容易理解成语的意思了。学会用成语，就能更好地表达自己的思想和感情。

12 阅读 Reading

晏 子

故事发生在春秋时期。

齐国的晏子被派到楚国去当大使。楚王听说晏子长得比较矮，想侮辱他，就让人在大门旁边另外开了一个小门，准备等晏子来的时候，叫他从小门进。晏子到了楚国，卫兵按照楚王的意思，叫晏子走小门。晏子对卫兵说："只有去狗国的人，才从狗洞进去。今天我被派到楚国来，为什么让我从狗洞进去呢？"卫兵回答不了晏子的话，只好让他从大门进去了。

晏子见了楚王，楚王说："齐国没有人了！"

晏子说："齐国的首都就有七八千户人家，街上总是挤满了人。只要人们举一举袖子，就能把太阳遮住，甩一甩汗，就跟下雨一样，怎么能说齐国没有人呢？"

楚王说："齐国既然有那么多人，为什么派你这样的人来当大使呢？"晏子回答说："我们齐国派大使有一个原则，对方是什么样的国家，就派什么样的人。如果对方的国王有才能，就派有才能的人去；如对方的国王没有才能，我们就派没有才能的人去。我是个最没用的人，所以才被派到楚国来。"

楚王见侮辱晏子的办法没有成功，就又想了个新花招。一天，楚王请晏子参加宴会。大家正喝着酒，忽然两个卫兵拉着一个人从旁边经过。楚王问："这个人是干什么的？"卫兵回答："他是个小偷儿，是齐国人。"楚王听了，转过身来笑着问晏子："先生，怎么你们齐国人都是爱偷东西的吗？"

晏子不慌不忙地说："大王你不会不知道，桔子长在淮河以南，结的果实又香又甜。如果把它移到淮河北边，结的果子就会又酸又苦。为什么呢？因为水土的关系呀！我们齐国人从来不偷别人的东西，可是一到楚国就变成了小偷儿，我看，这一定是因为水土的关系吧！"

楚王本来想侮辱晏子，结果却搬起石头砸了自己的脚。

小词典

1.	晏子	Yànzǐ	（专名）	Yanzi, a famous stateman, thinker and diplomat of the Spring and Autumn Period
2.	春秋时期	Chūnqiū shíqī		The Spring and Autumn Period (770 B.C.—476 B.C.)
3.	侮辱	wǔrǔ	（动）	insult; humiliate; subject sb. to indignities
4.	卫兵	wèibīng	（名）	guard
5.	洞	dòng	（名）	hole
6.	遮	zhē	（动）	cover; hide from view
7.	甩	shuǎi	（动）	throw; swing
8.	原则	yuánzé	（名）	principle
9.	花招	huāzhāo	（名）	trick
10.	小偷儿	xiǎotōur	（名）	thief
11.	酸	suān	（形）	sour

读后回答下列问题　Answer the following questions

1. 楚王听说晏子个子比较矮，想怎么侮辱他？
2. 晏子为什么不从小门进？
3. 楚王问晏子为什么齐国派你这样的人来当大使时，晏子是怎么回答的？
4. 当楚王说齐国人都是爱偷东西的时，晏子是怎么应对的？

13 写一写 Writing

根据阅读课文编写一个小话剧。要求：自己设计情景和人物及其对话，字数不限。

快乐汉语 Happy Chinese

8-4

110 名警察

我的朋友是个播音员，第一天上电视播报社会新闻："本台最新消息：我市昨天发生一起恶性伤人事件，一名歹徒打伤了一百一十个警察，慌忙逃跑。"

播完以后，她自己也纳闷儿，这个歹徒也太厉害啦，再仔细一看，她才发现自己播错了。原来她把 110 警察读成了一百一十个警察。

第九课 Lesson 9

登泰山看日出

一 课文 Kèwén Text

9-1

“父亲的恩情比泰山高，母亲的爱比泉水甜……”这不是我儿时唱的歌吗？

“会当凌绝顶，一览众山小。”这不是唐代诗人杜甫描写泰山的诗句吗？

很小很小的时候，爸爸妈妈就告诉我：“咱们的家乡在泰山脚下，那里也是孔子诞生的地方。”我生在国外，长在国外，可是，从小就对泰山这颗祖国大地上的明珠有着一种依恋的情感。心中早就产生了对泰山的一种好奇，想亲眼看看这座用来比喻父母恩情的山。感受一下“会当凌绝顶，一览众山小”的豪迈气魄。

没想到我梦寐以求的愿望终于实现了。今年秋天，我回国学习和观光，当我听到学校要组织我们去泰山进行语言实践活动的消息时，激动的心情难以用语言来表达。心想，我真要去拜望泰山了吗？真要回到我的故乡了吗？

泰山以它美丽迷人的秋色迎接我。一片片红叶在碧蓝的天空下显得璀璨夺目，迎着秋风轻轻地摆动着，好像在跟我们打招呼似的。那天晚上我和同学们留在山上，等着观赏泰山最著名的奇观——旭日东升。

第二天凌晨，我和朋友一起爬上了日观峰顶，晨雾笼罩着山顶，一切都朦朦胧胧的。天空是一片乳白色，像挂着一层薄薄的轻纱，很低很低，我感觉只要一伸手就可以摸到。天还早，太阳女神还在沉睡，别打搅她吧。五分钟，十分钟，我们都在耐心地静静地等待着。远远望去，只见东边天空的颜色在不断地变化，从淡黄变成了橘红，太阳最早发出的光把飘浮的云朵染成了灿烂的橘红色，越来越亮。我屏着呼吸，目不转睛地看着太阳升起的地方。

"出来了，出来了！"不知是谁禁不住叫了起来。只见一轮红日从最亮的地方掀开云幕慢慢地升起来了，慷慨地把它的光芒撒向群山，撒向大地。把我们这些观看日出的人都照得满面红光。

啊，泰山日出，这真是伟大的奇观！这真是大自然的杰作！

此刻，我完全陶醉在这神奇美妙的景色之中了。默默地向远方眺望，心中充满了一种只可意会却难以言传的感觉。泰山日出太美了，大自然太奇妙了，这个世界太可爱了。

泰山给我留下了难以磨灭的印象，给了我一生中不曾有过的时刻。使我真正体会到了"会当凌绝顶，一览众山小"的意境。

告别泰山，我有点儿恋恋不舍。从汽车的窗口往外看，蓝天白云下的泰山依然雄伟壮丽，热情洋溢地迎接着八方游客。我暗暗地想："泰山，我一定会再来，再一次来欣赏和发现你的美、你的神奇。"

再见，璀璨的明珠；再见，神奇的泰山！

根据课文回答问题　Answer the questions according to the text

1. "我"为什么从小就对泰山有兴趣？
2. 当"我"知道要去泰山进行语言实践活动时是什么心情？
3. 泰山秋天的景色怎么样？
4. 作者是怎么描写泰山日出的？
5. 看到泰山日出后作者是什么感觉？

二 生词 Shēngcí　New Words

9-2

1.	恩情	ēnqíng	（名）	(loving) kindness
2.	描写	miáoxiě	（动）	describe
3.	明珠	míngzhū	（名）	bright pearl; lovely thing
4.	依恋	yīliàn	（动）	be reluctant to leave; feel regret at parting from
5.	比喻	bǐyù	（动）	compare to
6.	豪迈	háomài	（形）	heroic
7.	气魄	qìpò	（名）	momentum; verve
8.	梦寐以求	mèngmèiyǐqiú		crave sth. so that one even dreams about it; long for sth. day and night
9.	观光	guānguāng	（动）	visit places and see things of interest, often in other countries or places; visit; tour
10.	实践	shíjiàn	（动）	put (one's view) into practice; practice
11.	难以	nányǐ	（副）	hard to; difficult to
12.	拜望	bàiwàng	（动）	call to pay one's respects; call on
13.	迷人	mírén	（形）	enchanting; attractive
14.	碧蓝	bìlán	（形）	dark blue
15.	璀璨	cuǐcàn	（形）	bright; resplendent
16.	夺目	duómù	（形）	dazzling; eye-catching
17.	摆动	bǎidòng	（动）	swing; sway
18.	观赏	guānshǎng	（动）	enjoy the sight of
19.	奇观	qíguān	（名）	marvelous spectacle
20.	旭日	xùrì	（名）	the rising sun
21.	升	shēng	（动）	rise
22.	凌晨	língchén	（名）	in the small hours; before dawn
23.	晨雾	chénwù		morning mist; fog
24.	笼罩	lǒngzhào	（动）	envelop; shroud
25.	朦胧	ménglóng	（形）	dim; hazy; obscure
26.	乳白色	rǔbáisè		milk white

27.	薄	báo	（形）	thin (*as opposed to* "*thick*")
28.	轻纱	qīngshā		fine gauze
29.	女神	nǚshén	（名）	goddess
30.	沉睡	chénshuì	（动）	be fast asleep; be in a sound sleep
31.	打搅	dǎjiǎo	（动）	disturb; trouble
32.	橘红	júhóng	（形）	tangerine (color)
33.	飘浮	piāofú	（动）	wave or flutter (in the wind); float
34.	云朵	yúnduǒ	（名）	clouds
35.	染	rǎn	（动）	dye
36.	灿烂	cànlàn	（形）	brilliant
37.	目不转睛	mùbùzhuǎnjīng		look with fixed gaze; regard with rapt attention
38.	禁不住	jīnbuzhù	（动）	(of people or things) be unable to bear or endure; cannot help doing sth.
39.	掀	xiān	（动）	lift (a cover, etc.)
40.	幕	mù	（名）	curtain; veil
41.	光芒	guāngmáng	（名）	rays of light; brilliant rays
42.	撒	sǎ	（动）	sprinkle; spread; spill
43.	群山	qúnshān	（名）	hills; mountains
44.	杰作	jiézuò	（名）	masterwork
45.	眺望	tiàowàng	（动）	look into the distance from a high place
46.	意会	yìhuì	（动）	perceive by intuition; sense
47.	言传	yánchuán	（动）	explain in words
48.	奇妙	qímiào	（形）	wonderful; fantastic
49.	磨灭	mómiè	（动）	efface; obliterate; wear away
50.	不曾	bùcéng	（副）	never (have done sth.)
51.	时刻	shíkè	（名）	moment
52.	意境	yìjìng	（名）	mood of a literary work or a work of art
53.	壮丽	zhuànglì	（形）	majestic; magnificent; glorious
54.	洋溢	yángyì	（动）	be permeated with; brim with (a mood, atmosphere, etc.)

专名 Zhuānmíng　Proper Nouns

1. 泰山	Tài Shān	Mount Tai, a mountain of historical and cultural significance located in Shandong Province
2. 唐代	Tángdài	Tang Dynasty (618—907)
3. 日观峰	Rìguān Fēng	Riguan Peak, a peak of Mount Tai on which one can enjoy the sunrise

三 注释 Zhùshì　Notes

① 泰山

“五岳”中的东岳，在山东省中部，是中国著名的旅游风景区，也是世界自然与文化遗产。主峰玉皇顶海拔 1545 米。

② 会当凌绝顶，一览众山小

这是唐代诗人杜甫《望岳》一诗中的句子。意思是：我真应当登上泰山的最高处，看周围的群山是多么的矮小。

“会当”意思是“真应该；真应当；一定要”。

四 词语用法 Cíyǔ yòngfǎ　Usage of the Words

① 禁不住 jīnbuzhù（动）(of people or things) be unable to bear or endure; can’t help doing sth.

“禁不住”的意思是控制不住；不由得，忍不住。必带动词、小句作宾语。主语只能是人。肯定形式是“禁得住”，但多用于反问和答话。例如：

1.“出来了，出来了！”不知是谁禁不住叫了起来。

2. 听他俩说的相声，大家禁不住笑了起来。

3. 见到几年不见的女儿，妈妈禁不住流下了眼泪。

2 不曾 bùcéng（副）never (have done sth.)

“不曾”是副词，书面语。表示没有（发生过）。是“曾经”的否定。只用于动词的前面。动词后面常用“过”，不用“过”时意思不变。例如：

1. 泰山给我留下了难以磨灭的印象，给了我一生中不曾有过的时刻。
2. 他的这一经历我不曾听他说过。
3. 我爬过泰山，黄山还不曾去过，听说也很美。
4. 电视里说，今年这种天气五十年来不曾出现过。

3 依然 yīrán（副、动）still; as before

“依然”作副词，表示和以前一样，没有改变或恢复到原来的样子。例如：

1. 蓝天白云下的泰山依然雄伟壮丽，热情洋溢地迎接着八方游客。
2. 多年没见，她依然那样年轻。
3. 这场雨下了两天了，今天依然是阴天，没有晴的意思。
4. 这些华侨在国外住了好多年了，但心中依然恋着祖国和家乡。

“依然”还是动词。可作谓语。例如：

5. 家乡的风景依然，但是很多人我已经不认识了。

五 词语用法对比 Cíyǔ yòngfǎ duìbǐ Compare the Usage of the Words

1 出生 chūshēng（动）　诞生 dànshēng（动）

出生：[be born] 胎儿从母体里分离出来。

诞生：[be born; come into being; emerge] 指人的出生，也用来比喻新事物的出现。

出生 / 诞生在农村　　哪一年出生 / 诞生的　　出生 / 诞生于 1881 年

“诞生”和“出生”是同义词，但是，“诞生”用来尊称名人的出生，也表示新生事物的出现和国家、政党的成立等。例如：

1. 鲁迅 1881 年诞生 / 出生于浙江绍兴。

2. 孔子是公元前551年9月28日诞生/出生的。
3. 我是1996年出生/*诞生的。
4. 朋友告诉我，他出生/*诞生在一条小船上。
5. 1949年10月1日，中华人民共和国诞生/*出生了。

2 情感 qínggǎn（名）　感情 gǎnqíng（名）

情感：[emotion] 人对外界刺激肯定或否定的心理反应，如：喜欢、愤怒、恐惧、悲伤、厌恶等。
[affection] 感情。

感情：[emotion; feeling] 对于外界刺激所产生的喜怒哀乐等心理反应。
[affection; love] 对人或事物关切、喜爱的心情。

美好的情感/感情　深厚的情感/感情　情感/感情真挚
有感情/*情感　没有感情/*情感　产生了感情/*情感
动感情/*情感

"情感"和"感情"的意思基本相同，但是"情感"的使用频率较低。"感情"有时特指爱情，"情感"没有这个含义。例如：

1. 这支歌唱出了年轻人向往自由、幸福和爱情的美好情感/感情。
2. 在这个电视剧里，她的表演自然朴实，情感/感情真挚。
3. 他们在北京一起学习和生活期间，彼此产生了感情/*情感。
4. 我刚来时，就想早点儿回国，半年以后，对这里慢慢有了感情/*情感。
5. 他们是经别人介绍才认识结婚的，结婚以后感情/*情感一直不好。
6. 遇事要冷静，要三思而行，不能感情/*情感用事。

3 好像 hǎoxiàng（动、副）　像 xiàng（动、副）

好像：[seem; be like] 有些像；像。
[*used to indicate uncertain judgement or feeling*] 表示不十分确定的判断或感觉。

像：[be like; resemble; take after] 形象上相同或有某些共同点。

[look as if; seem] 好像。

[such as; like] 比如。

好像 / 像要下雨　　好像 / 像妈妈　　好像 / 像大熊猫
好像 /* 像见过　　好像 /* 像认识　　长得很像 /* 好像

“好像”和“像”有相同的意义，但是用法不尽相同，“好像”常用在动词前面作状语，“像”常作谓语；“像”还可以作补语，“好像”不能作补语。例如：

1. 他看上去好像 / 像有病一样。
2. 这个人我好像 / 像在什么地方见过。
3. 天阴得这么重，好像 / 像要下雨。
4. 她们俩好像 / 像亲姐妹一样。
5. 我跟我爸爸长得很像 /* 好像。

4 等 děng（动）　等待 děngdài（动）

等：[wait; await] 等候、等待。

[when; till] 等到。

等待：[wait; await] 不行动，直到想见到的人、事物或情况出现。

等 / 等待两天再说　　等 / 等待机会　　耐心等 / 等待　　等 / 等待批准
等 /* 等待车　　等 /* 等待人　　等 /* 等待一会儿　　等 /* 等待一等

“等”和“等待”同义，“等待”为书面语，宾语是抽象名词，而且是双音节词语，“等”不受此限。例如：

1. 他一直在等 / 等待出国学习的机会。
2. 现在还不到八点，我想他一定会来，我们再耐心等/*等待他一会儿吧。
3. 车站里不少人在等 /* 等待车。
4. 我们等 /* 等待了一会儿车就来了。

5 依然 yīrán（副、动）　仍然 réngrán（副）

依然：[as before; still] 跟过去一样。

仍然：[still; yet] 情况继续不变或恢复原状。

依然/仍然是老样子　　依然/仍然存在　　依然/仍然不变
依然/仍然未改　　依然/仍然下着雨　　依然/仍然保持着
依然/仍然如故　　风景依然/*仍然

“依然”和“仍然”都可以作状语，表示动作从过去到说话时不停地进行，情况或状态继续存在，不同的是“依然”书面语色彩更浓一些。例如：

1. 当今世界，发生局部战争的危险依然/仍然存在。
2. 虽然遭到那么大的挫折，但是她依然/仍然没有失去生活的信心。
3. 回到阔别十年的家乡，家乡的老屋依然/仍然是老样子。
4. 我明年仍然/依然在这儿学习。

“依然”有动词的用法，可以作谓语；“仍然”没有这种用法。例如：

5. 家乡的风景依然/*仍然，而我此时的心情已经不同了。

六 练习 Liànxí　Exercises

1 语音 Phonetic exercises　9-3

1. 辨音辨调　Distinguish the pronunciations and tones

明珠 míngzhū	民主 mínzhǔ
比喻 bǐyù	碧玉 bìyù
打搅 dǎjiǎo	大脚 dà jiǎo
美妙 měimiào	每秒 měi miǎo
意会 yìhuì	一回 yì huí
壮丽 zhuànglì	创立 chuànglì

2. 朗读　Read aloud the following poem

wàng　yuè
望　岳

táng　dù fǔ
（唐）杜甫

dài zōng fú rú hé　qí lǔ qīng wèi liǎo
岱宗夫如何，齐鲁青未了。

zào huà zhōng shén xiù　yīn yáng gē hūn xiǎo
造化钟神秀，阴阳割昏晓。
dàng xiōng shēng céng yún　jué zì rù guī niǎo
荡胸生层云，决眦入归鸟。
huì dāng líng jué dǐng　yì lǎn zhòng shān xiǎo
会当凌绝顶，一览众山小。

2 词语 Read aloud the following phrases

亲眼看见	亲耳听到	亲口尝尝	亲口说的	亲手去做
难以表达	难以相信	难以磨灭	难以坚持	
欣赏音乐	欣赏照片	欣赏不了	不会欣赏	
有耐心	没有耐心	耐心等待	耐心一点儿	
只可意会	不可言传	雄伟壮丽	热情洋溢	梦寐以求
不曾有过	不曾去过	不曾看过	不曾吃过	
依然新鲜	依然年轻	依然美丽	风景依然	
迷人的风景	迷人的眼睛	迷人的夜色		
美妙的音乐	美妙的景色	美妙的图画		

3 选词填空 Choose the words to fill in the blanks

A.

迷人	雄伟	神奇	璀璨	灿烂
欣赏	不曾	目不转睛	梦寐以求	打搅
奇观	耐心	亲眼	难以	比喻

1. 上海是中国长江流域的一颗__________的明珠。
2. 我__________看见他开车出去了。
3. 人们常用鲜花来__________美丽可爱的姑娘。
4. 能到国外留学是我__________的。
5. 他能做出这样的事真让人__________相信。
6. 每次去湖边散步，我都会被那__________的景色所陶醉。
7. __________音乐是我生活中的一项重要内容，也是打发寂寞的最好方法。

8. 万里长城上的日出日落也是一种美妙的__________啊。
9. 他太累了，别__________他，让他多睡一会儿吧。
10. 我这个人最大的缺点是没有__________，干什么都是三天打鱼，两天晒网。
11. 他正在__________地看着手机，玩儿电子游戏。
12. 一轮红日从东方升起，__________的光芒照遍了大地。
13. 针灸有着__________的疗效，我的胳膊疼就是大夫给我扎好的。
14. 我还__________去过西藏，听说那是一个美丽神奇的地方。
15. __________壮丽的长城是中国也是世界伟大的建筑之一。

B.

1. 我长得__________妈妈，我哥哥长得__________爸爸。（像　好像）
2. 青年男女在一起学习生活，产生__________是很自然的。（情感　感情）
3. 我现在已经能用汉语__________自己的思想了。（表示　表达）
4. 我__________在南方一个美丽的小山村。（诞生　出生）
5. 我要刻苦努力，希望能像中国同学那样，说一口__________的普通话。（美丽　漂亮）
6. 家乡的风景__________，而我的心情却与以往大不相同了。（依然　仍然）
7. 请稍__________一会儿，他马上就过来。（等　等待）
8. 这种事急不得，需要__________时机。（等　等待）

4 完成句子 Complete the following sentences

1. 看到这张照片，______________________________。（禁不住）
2. 我对中国的一切都______________________________。（充满）
3. 我很想向她求婚，______________________________。（难以）
4. 秋天，是我家乡最美的季节，________________________。（好像）

5. ________________，所以没有在外国生活的经历。（不曾）
6. 离别家乡已经很多年了，这次回去看到家乡的山水________________
________________。（依然）

5 完成会话 Complete the following dialogues

1. A：你最初为什么决定学习汉语呢？
   B：我看了一些有关中国的书，________________，所以毕业后就决定来中国学习。（充满）
2. A：你对这个城市的印象如何？
   B：我觉得这个城市不大，但________________。（充满）
3. A：来中国后，给你印象最深的是什么？
   B：这次西安之行可以说________________。（难以磨灭）
4. A：你去爬过泰山吗？
   B：没有，________________。（不曾）
5. A：你________________？（梦寐以求）
   B：我梦寐以求的愿望就是当一个外交官。
6. A：多年不见，你________________。（依然）
   B：哪里，你过奖了。

6 连句成段 Rearrange the sentences into a paragraph

A. 第二天早上，我们一大早就登上山顶，焦急地等待着旭日东升
B. 慢慢地，太阳冒出了地平线，红红的，像一个蒙着面纱的含羞少女
C. 眼前的美景让我陶醉，我仿佛觉得自己也融进了泰山日出的美景中，这种景色太美了，这难得的奇观令我终生难忘
D. 我这次来泰山最盼望的是能看到日出，据说这种机会很难得
E. 等她露出整个笑脸时，半个天空都被染得通红通红，当她离开地平线以后，一下就把万道金光撒向大地

____

7 改错句 Correct the sentences

1. 我从小就好奇中国的长城。

____

2. 我梦寐以求的想法是去中国留学。

____

3. 中国人见我是黄头发的外国人，都打招呼我，也许他们也好奇吧。

____

4. 临行时我握着她的手说，你安心休息吧，我一定会又来看你。

____

5. 没想到，这里的校园里也充满了汽车，跟我们国家一样的。

____

6. 天空的云也变成了彩色的，很好看和很美丽。

____

8 完成下列成语并造句 Complete the following idioms and make sentences

1. ____寐以求　　2. 目不转____　　3. 难以磨____

9 情景表达 Situational expressions

1. 下面的句子什么时候说？

（1）那种感觉只可意会，不可言传。

（2）此刻，我的心情简直难以用语言来表达。

（3）在她面前，那句话我实在难以说出口。

2. 下面情景怎么说？

（1）看到自己不曾看到过的美妙景色，怎么表示赞叹？（太……了）

（2）除了课文中说的，什么事物可以用“伟大”“美妙”“壮丽”“神奇”来描写和赞美？

（3）告别家乡和朋友的心情怎么表达？

10 综合填空 Cloze

中秋赏月

今天是中秋节，我跟一个老留学生一起到公园赏月。这位老先生跟我一样，是退休后来中国学汉语的，(1)________年纪比我大两岁，今年62了。我们俩在壮年时期拼命地工作，退休前他当过小学校长，我当过科长。现在我们的子女都已经成人，我们作为家长的任务完成了。(2)________长知识，我们不约而同地来到中国学汉语。

公园大门上挂着一条横幅，(3)________写着"中秋赏月晚会"几个大字。一进大门，我们发现里边人很多。临时搭建的舞台上从新疆来的少数民族演员表演着舞蹈，伴奏音乐有一种异域风情，使我听了感动不已。

我们继续往里走。这里人不多，也没有灯光照明，什么也看不清楚。忽然听见轻轻的说话声，我往黑暗的地方探望了一下儿，(4)________知道是一对年轻情侣坐在椅子上小声谈话。这时，我才发觉这里有很多对情侣，每一对都占着一条长椅子，有的在谈话，(5)________默默地互相拥抱着。看来，自古以来情侣们都爱黑暗的地方。我们两个老头儿觉得坐在这里很不合适，太碍事了。(6)________就悄悄走开了。

来到一个池塘边儿，(7)________比较宽敞，远处朦胧的夜色中，黑色的树梢上挂着一轮银白色的月亮！吃着刚买来的月饼，想到这个公园是在唐朝宫殿的遗址上修建的。我不由得想到，以前唐明皇和他的妃子杨玉环，中秋节一定也是在这里一起赏月的吧。

眼望明月，我很有一些感慨，(8)________也感到一些遗憾：今天晚上跟我一起赏月的不是女的，而是一个男的，还是个老头子。

我想家了，想我的老伴儿了。要知道，"月到中秋分外明"，而人是"每逢佳节倍思亲"啊。

小词典

1. 赏月	shǎng yuè	enjoy the bright full moon (especially on the Mid-Autumn Festival)

2.	退休	tuì xiū	（动）	retire
3.	横幅	héngfú	（名）	banner
4.	临时	línshí	（副）	temporary; for a short time
5.	搭建	dājiàn	（动）	build
6.	异域	yìyù	（名）	foreign lands; a place far away from home
7.	风情	fēngqíng	（名）	charm
8.	不已	bùyǐ	（动）	endlessly; incessantly
9.	情侣	qínglǚ	（名）	lovers; couple
10.	遗址	yízhǐ	（名）	site; ruins
11.	分外	fènwài	（副）	particularly; especially
12.	每逢佳节倍思亲	měi féng jiājié bèi sī qīn		On festive occasions more than ever we think of our dear ones far away.

11 会话 Dialogue

山奇水秀

甲：老师，泰山是中国最美的山吗？

乙：泰山在中国很有名，因为中国的山很多，而且都很美，所以很难说哪座山是中国最美的山。

甲：汉语里“三山五岳”的说法，是什么意思？

乙：汉语里“三”或“五”等数词，常常是笼统的说法，不一定就是说“三”或者“五”，而是说数量多。不过，“三山五岳”则是实指。“三山”指中国有名的三座大山，它们是天山、昆仑山和喜玛拉雅山；“五岳”指东岳泰山、西岳华山、南岳衡山、北岳恒山、中岳嵩山。

甲：您爬过这些山吗？

乙：我只爬过泰山。至于三座大山，与我们相距很远，也太高，所以，除了科学考察者或登山运动员爬过，一般人很少去。五岳倒是与人们的生活距离较近。但是，很多美丽的山，又不包括在内。

甲：还有什么山？

乙：有人说，“五岳归来不看山，黄山归来不看岳”。第一句是说，五岳很美，看了五岳的话，就可以不看其他山了，而第二句又说，黄山比五岳还美，如果看了黄山，五岳也不值得一看了。

甲：很有意思。

乙：可是，还有“桂林山水甲天下”的说法，你不是去过桂林吗？

甲：是啊，桂林的山确实独特，真是天下少有。

乙：另外，还有峨眉山、武夷山、长白山、庐山，等等。

甲：中国值得游览的山水太多了。

乙：是。中国恐怕是世界上自然风光最多最美的国家之一，无山不奇，无水不秀。

甲：老师这么一说，更增加了我学汉语的动力。

小词典

1. 天山	Tiān Shān	Mount Tianshan is located in Xinjiang Uygur Autonomous Region. Tianchi (literally “Heavenly Lake”) of Mount Tianshan is a national scenic spot.
2. 昆仑山	Kūlún Shān	Mount Kunlun is located in southwest China. Both the Yangtze River and the Yellow River take their sources from this mountain.
3. 喜玛拉雅山	Xǐmǎlāyǎ Shān	The Himalayas stretches across China’s Tibet, Pakistan, India, Nepal, Sikkim, and Bhutan. Mount Qomolangma, located at the China-India border with the height of 8,844 meters, is the highest mountain in the world.

4. 华山	Huá Shān	Mount Hua, known as Western Mountain, is located in Shaanxi Province.
5. 衡山	Héng Shān	Mount Heng, known as Southern Mountain, is located in Hunan Province.
6. 恒山	Héng Shān	Mount Heng, known as Northern Mountain, is located in Shanxi Province. The famous Hanging Temple is located at the foot of this mountain.
7. 嵩山	Sōng Shān	Mount Song, known as Middle Mountain, is located in Henan Province. The famous Shaolin Temple is located at the foot of this mountain.
8. 黄山	Huáng Shān	Located in Anhui Province, Mount Huang is famous for its amazing pines and stones, sea of clouds and hot springs and was added to the UNESCO World Heritage List.
9. 峨眉山	Éméi Shān	Mount Emei, located in Sichuan Province, is reputed as the most beautiful mountain under the heaven.
10. 武夷山	Wǔyí Shān	Mount Wuyi is located in Fujian Province.
11. 长白山	Chángbái Shān	Located in northeast China, Mount Changbai is famous for the beautiful Tianchi (literally "Heavenly Lake") on its top and the splendid waterfall 68 meters high.
12. 庐山	Lú Shān	Mount Lu, located in Jiangxi Province, is a national scenic spot. It has amazing scenery and is best known for its sea of clouds, waterfalls and cliffs.

12 阅读 Reading

美丽的青海湖

我去过两次青海湖，一次在五月，一次是七月。每次都是凌晨三四点钟从西宁出发，经过日月山到鸟岛，在鸟岛吃了午饭回来。

过日月山时，朋友给我讲了一个故事。据说唐代文成公主远嫁吐蕃（Tǔbō）国王松赞干布（Sōngzàn Gānbù），走到日月山时看到山东边有一大片麦田，可西边是茫茫的大草原，一翻过山就到吐蕃了。看到这些，公主很想长安的家人，就拿出父亲送给自己的一面镜子，这面宝镜能照见自己的亲人。可是这会儿公主在镜子里怎么也看不到自己的亲人。原来吐蕃的一位使臣知道这镜子的秘密，把它换掉了。公主看了半天看不到家人，很伤心，一气之下把镜子抛到了山下，这面镜子就化作了现在的青海湖。青海湖的湖水是咸的，因为那是文成公主的眼泪。

青海湖终于到了。它似乎不是湖而是大海。青色的湖里有白色的浪花，看不清远处哪是天色，哪是水色，水色和天色自然地融合在一起，广阔无边。湖边油菜花田也像一片黄色的湖，一刮风"湖面"就浮动着花的香味儿。草原上遍地都是牛、马、羊、驴。正当夏天，它们生了幼畜，小动物们都很可爱。我最喜欢小牦牛，想跟它一起拍照，可是它好像怕我。我靠近一步，它后退一步，最后我只好拍了一张远景。过去我没见过那么多的鹰，也不知道鹰有那么大。它们有的在电线杆上或在木栅栏上站着环顾周围，有的在天空中飞来飞去，突然一下子俯冲下来，抓起地上的小老鼠再飞上去。

五月来时，我在鸟岛看到过各种各样的鸟。地面上石头之间有很多鸟蛋和刚出生的小鸟。这些毛茸茸的小鸟还不会走路，它们坐着，头晃来晃去的，向妈妈要东西吃的样子非常可爱。现在它们大部分都飞走了。

天上的云看来很近，几乎伸手就能抓到。天很蓝，在我看来，世界上最纯净的蓝天可能就是青海湖的天了。这么高的地方能有这么大的湖，这么大的草原，还有这么美丽的风光，真让人难以相信。

小词典

1.	茫茫	mángmáng	（形）	boundless and indistinct
2.	使臣	shǐchén	（名）	envoy
3.	融合	rónghé	（动）	mix together; fuse
4.	油菜	yóucài	（名）	(oilseed) rape
5.	栅栏	zhàlan	（名）	fence
6.	俯冲	fǔchōng	（动）	dive
7.	毛茸茸	máoróngróng	（形）	downy; hairy

读后判断下列句子的正误：对的划√，错的划 ×

Read and decide whether the following statements are true (√) or false (×)

1. 作者去过两次青海湖。（　　）
2. 文成公主和松赞干布的故事在中国很有名。（　　）
3. 青海湖是淡水湖。（　　）
4. 以前我也知道鹰这种动物。（　　）
5. 青海湖是湖不是海，作者说它是大海，意思是它像大海那样大。（　　）
6. 我想跟小牦牛一起照张相，但是它不让。（　　）
7. 我第二次去的时候正是青海湖的秋天。（　　）

13 写一写 Writing

介绍你的一次旅行经历。要求：真实、有趣，不少于 300 字。

快乐汉语 Happy Chinese 9-4

（一）

泼水节上，大家彼此泼水祝福，热闹非凡。忽然，一个人大声叫道："哎呀，讨厌，谁泼我？"旁边的人说："泼水是祝福你啊！"那人说："可他用的是热水。"

（二）

老师要求写作文，题目是《一件好事》。小山写道："昨天我和小水一起骑车出去玩。回来的时候，他的气门芯（valve rubber tube）坏了，我就把自己车上的拔下来给他安上了。然后，我俩一起高高兴兴地骑车回来了。"

词汇表

Vocabulary

A	碍眼	ài yǎn	（形）	offend the eye; be an eyesore	3
	安检	ānjiǎn	（动）	security check	2
	暗暗	àn'àn	（副）	secretly; inwardly	2
	暗自	ànzì	（副）	inwardly; to oneself	5
	傲慢	àomàn	（形）	arrogant; overbearing	5
B	掰	bāi	（动）	break off or divide with the hand	5
	白鹭	báilù	（名）	egret	7
	摆动	bǎidòng	（动）	swing; sway	9
	拜望	bàiwàng	（动）	call to pay one's respects; call on	9
	班机	bānjī	（名）	airliner; regular air service	3
	帮忙	bāng máng	（动）	help; give a hand	8
	薄	báo	（形）	thin (*as opposed to "thick"*)	9
	保住	bǎozhù		keep; retain	8
	报复	bàofù	（动）	make reprisals; retaliate against those who have criticized one or who have jeopardized one's interests	6
	报告	bàogào	（动、名）	report	6
	背包	bēibāo	（名）	backpack; knapsack	5
	悲伤	bēishāng	（形）	sad; sorrowful	2
	北方	běifāng	（名）	north; northern part of the country, especially the area north of the Yellow River	3
	奔	bèn	（动、介）	go straight to; towards	5

比喻	bǐyù	（动）	compare to	9
必	bì	（副）	surely	4
毕竟	bìjìng	（副）	after all	2
闭幕	bì mù	（动）	lower the curtain; conclude	4
碧蓝	bìlán	（形）	dark blue	9
边境	biānjìng	（名）	border; area near the line dividing two countries	6
遍	biàn	（动）	all over; everywhere	3
表面	biǎomiàn	（名）	appearance	2
别看	biékàn	（连）	though; even though	3
鬓毛	bìn máo		hair over the temples	7
秉公	bǐnggōng	（副）	justly; impartially; in accordance with a universally accepted principle or fair standard	8
饼干	bǐnggān	（名）	biscuit	5
并且	bìngqiě	（连）	and; besides; moreover; furthermore	2
玻璃	bōli	（名）	glass	1
播	bō	（动）	broadcast	5
不过	búguò	（副）	only; merely; no more than	4
不屑	búxiè	（动）	disdain (to do sth. not worth doing)	1
不曾	bùcéng	（副）	never (have done sth.)	9
不出所料	bùchūsuǒliào		as expected	4
不慌不忙	bùhuāng-bùmáng		unhurried; calm	8
部	bù	（量）	part; section	4
部下	bùxià	（名）	troops under one's command; (in a broad sense) one's subordinates	6
C 采购员	cǎigòuyuán	（名）	purchaser	3

灿烂	cànlàn	（形）	brilliant	9
忏悔	chànhuǐ	（动）	feel repentant on realizing one's past mistakes or sins	5
长久之计	chángjiǔzhījì		permanent solution	7
沉睡	chénshuì	（动）	be fast asleep; be in a sound sleep	9
沉思	chénsī	（动）	ponder; meditate; be lost in thought	1
晨雾	chénwù		morning mist; fog	9
称赞	chēngzàn	（动）	praise	8
诚恳	chéngkěn	（形）	honest and sincere	6
持之以恒	chízhī-yǐhéng		persevere in doing sth.	8
耻笑	chǐxiào	（动）	hold sb. to ridicule; sneer at	1
重叠	chóngdié	（动）	(of the same things) overlap	7
仇人	chóurén	（名）	enemy; foe; person hated or opposed by sb.	8
除非	chúfēi	（连）	unless	3
处于	chǔyú	（动）	be in a certain position or state	2
处处	chùchù	（副）	everywhere	7
传染	chuánrǎn	（动）	infect	1
传授	chuánshòu	（动）	pass on (knowledge, skill, etc. to others)	7
串	chuàn	（量）	(for a string of things) bunch; cluster; string	3
创造	chuàngzào	（动）	create; produce	1
春风	chūnfēng	（名）	spring breeze	7
纯真	chúnzhēn	（形）	pure; sincere	3
刺激	cìjī	（动）	irritate; excite	1
璀璨	cuǐcàn	（形）	bright; resplendent	9
存放	cúnfàng	（动）	store; keep	1

错觉	cuòjué	（名）	illusion; wrong impression	1
D 搭乘	dāchéng	（动）	take (a bus, ship, plane, etc.)	2
打发	dǎfa	（动）	kill (time)	5
打鼓	dǎ gǔ	（动）	feel uncertain (or nervous)	2
打搅	dǎjiǎo	（动）	disturb; trouble	9
打仗	dǎ zhàng	（动）	fight a battle	8
大方	dàfang	（形）	generous	5
大公无私	dàgōng-wúsī		selfless; give no thought to oneself; be perfectly impartial	8
大街小巷	dàjiē-xiǎoxiàng		streets and lanes	3
大量	dàliàng	（形）	large number of; great quantity of	3
大模大样	dàmú-dàyàng		in an ostentatious manner	8
大器	dàqì	（名）	outstanding talent	4
大师	dàshī	（名）	great master; master	4
担任	dānrèn	（动）	assume the office of; hold the post of	8
单调	dāndiào	（形）	tedious; repetitious; lacking in variety	2
当兵	dāng bīng		be a soldier; serve in the army	8
挡	dǎng	（动）	keep off; ward off	8
档次	dàngcì	（名）	level; grade	3
到场	dào chǎng	（动）	be present	4
道德	dàodé	（名）	morals; morality	5
登机口	dēngjīkǒu		boarding gate	5
地理	dìlǐ	（名）	geography	2
动脑筋	dòng nǎojīn		use one’s head	2
动人	dòngrén	（形）	moving; touching	4
独唱	dúchàng	（动）	(vocal) solo	4

独特	dútè	（形）	unique; distinctive	2
读者	dúzhě	（名）	reader	5
度	dù	（量）	(*a measure word*) time	7
度过	dùguò		spend	2
端庄	duānzhuāng	（形）	stately; dignified	2
断	duàn	（动）	break	8
对方	duìfāng	（名）	other (or opposite) side; other party	6
夺目	duómù	（形）	dazzling; eye-catching	9
E 恩情	ēnqíng	（名）	(loving) kindness	9
儿童	értóng	（名）	children	7
F 发觉	fājué	（动）	find; realize	6
发掘	fājué	（动）	see (gifted people); explore	4
发言	fā yán	（动、名）	state one's view; statement	2
法官	fǎguān	（名）	judge; judicial official	8
翻	fān	（动）	turn over	6
凡是	fánshì	（副）	every; any; without an exception	6
反应	fǎnyìng	（动、名）	react; reaction	3
防备	fángbèi	（动）	guard against; take precautions against possible danger or harm	6
仿佛	fǎngfú	（副、动）	seemingly; as if; seem	4
访问	fǎngwèn	（动）	visit; call on	6
放炮	fàng pào	（动）	make a false start; shoot off one's mouth	4
非	fēi	（动、副）	be not; non-; in-; un-	4
费劲儿	fèi jìnr	（动）	need or use great effort	3
符合	fúhé	（动）	accord with; tally with; be in line with	5
负面	fùmiàn	（形）	negative	5

G

盖儿	gàir	（名）	cover	7
甘心	gānxīn	（动）	do sth. willingly; be reconciled to	2
感慨	gǎnkǎi	（动）	sigh with emotion	3
干活儿	gàn huór		work (on sth.)	6
高唱入云	gāochàngrùyún		sing loud and clear	4
高亢	gāokàng	（形）	loud and sonorous; resounding	4
歌声	gēshēng		sound of singing; singing	4
根	gēn	（量）	*a measure word for long, thin objects*	3
工夫	gōngfu	（名）	time	7
公演	gōngyǎn	（动）	perform in public; give a performance publicly	4
公正	gōngzhèng	（形）	just; fair	5
共同	gòngtóng	（副、形）	together; common	2
贡献	gòngxiàn	（名、动）	contribution; contribute	6
古	gǔ	（形）	ancient	6
故作镇静	gù zuò zhènjìng		pretend to be calm	8
顾忌	gùjì	（动）	have scruples; have misgivings	5
瓜园	guāyuán		land for growing melons	6
怪	guài	（形）	strange; odd	1
关头	guāntóu	（名）	decisive juncture; turning point; moment (or juncture)	8
观光	guānguāng	（动）	visit places and see things of interest, often in other countries or places; visit; tour	9
观赏	guānshǎng	（动）	enjoy the sight of	9
光彩	guāngcǎi	（名、形）	luster; glittering	2
光芒	guāngmáng	（名）	rays of light; brilliant rays	9
广阔	guǎngkuò	（形）	broad	4

贵宾	guìbīn	（名）	honored guest; distinguished guest	4
过失	guòshī	（名）	fault	5
H				
海	hǎi	（名）	sea	8
害怕	hàipà	（动）	be scared	8
行	háng	（量）	*a measure word for things in a line*	7
航班	hángbān	（名）	scheduled flight; flight number	2
毫无	háo wú		not at all; in the least	5
豪迈	háomài	（形）	heroic	9
好比	hǎobǐ	（动）	can be compared to; may be likened to; be just like	7
合唱	héchàng	（动）	chorus	4
何处	hé chù		where	7
和蔼	hé'ǎi	（形）	kindly; affable; amiable	1
和睦	hémù	（形）	harmonious	6
喉咙	hóulong	（名）	throat	7
后者	hòuzhě	（名）	the latter	4
厚	hòu	（形）	thick	5
候机	hòu jī		wait for the plane	2
狐假虎威	hújiǎhǔwēi		the fox borrows the tiger's fierceness (by walking in the latter's company); like a donkey in a lion's hide; bully people by flaunting one's powerful connections	8
狐狸	húli	（名）	fox	8
胡子	húzi	（名）	beard; moustache; whiskers	7
话音	huàyīn	（名）	one's voice in speech	3
怀	huái	（动）	conceive (a child)	3

怀疑	huáiyí	（动）	doubt; suspect	8
怀孕	huái yùn	（动）	be pregnant	3
荒唐	huāngtang	（形）	(of thought, words and actions) absurd; preposterous	7
黄鹂	huánglí	（名）	oriole	7
恢复	huīfù	（动）	return; restore	4
慧眼	huìyǎn	（名）	sharp eyes; insight; mental discernment (or perception)	4
魂飞魄散	húnfēi-pòsàn		in panic; half dead from terror	8
混合	hùnhé	（动）	mix; blend	1
J 急于	jíyú	（动）	be eager to; be anxious to	5
家	jiā		specialist	4
检讨	jiǎntǎo	（动、名）	review; self-criticism	5
见解	jiànjiě	（名）	view; opinion	2
将近	jiāngjìn	（副）	(of number) close to; nearly; almost	2
讲解	jiǎngjiě	（动）	explain	7
浇水	jiāo shuǐ		sprinkle water; water	6
角落	jiǎoluò	（名）	corner	4
教养	jiàoyǎng	（名、动）	upbringing; educate	5
杰作	jiézuò	（名）	masterwork	9
结为	jié wéi		enter into a specified relationship; become	6
结怨	jié yuàn	（动）	contract enmity; incur hatred	6
金钱	jīnqián	（名）	money	3
禁不住	jīnbuzhù	（动）	(of people or things) be unable to bear or endure; cannot help doing sth.	9
紧	jǐn	（形）	urgent; (follow) closely behind	3
进行	jìnxíng	（动）	carry out; conduct	5

京城	jīngchéng	（名）	capital of a country	8
惊奇	jīngqí	（形）	surprised; amazed	8
惊讶	jīngyà	（形）	surprised; amazed	2
警告	jǐnggào	（动）	warn	7
竟	jìng	（副）	unexpectedly	5
居然	jūrán	（副）	unexpectedly; to one's surprise	4
鞠躬	jū gōng	（动）	bow; make a bow	3
橘红	júhóng	（形）	tangerine (color)	9
举世	jǔshì	（名）	throughout the world	4
举止	jǔzhǐ	（名）	bearing; manner	2
聚会	jùhuì	（动）	get together	3
决	jué	（副）	(*used before a negative word*) definitely; certainly; under any circumstances	6
K 开花	kāi huā	（动）	bloom	7
开头	kāitóu	（动、名）	start; beginning	7
慷慨	kāngkǎi	（形）	generous	5
课本	kèběn	（名）	textbook	7
恳求	kěnqiú	（动）	plead; entreat	2
口头	kǒutóu	（名）	oral; in words	7
枯	kū	（形）	(of plants, etc.) withered	6
枯燥	kūzào	（形）	dull; uninteresting	2
苦恼	kǔnǎo	（形）	vexed; worried	2
快活	kuàihuo	（形）	happy; merry; cheerful	2
L 懒惰	lǎnduò	（形）	lazy; unwilling to work or study	6
老虎	lǎohǔ	（名）	tiger	8
老头儿	lǎotóur	（名）	(with an undertone of intimacy) old chap; geezer	7
乐趣	lèqù	（名）	fun	7

雷	léi	（名）	thunder	4
雷鸣	léimíng	（动）	be thunderous	4
梨	lí	（名）	pear	7
礼貌	lǐmào	（名、形）	politeness; polite	5
礼品	lǐpǐn	（名）	gift; present	6
连续	liánxù	（动）	continuously; successively; in a row	3
廉洁	liánjié	（形）	honest and incorruptible	8
脸皮	liǎnpí	（名）	face	5
嘹亮	liáoliàng	（形）	(of sound) loud and clear	4
邻	lín		neighbor	6
邻邦	línbāng	（名）	neighboring country	6
凌晨	língchén	（名）	in the small hours; before dawn	9
聆听	língtīng	（动）	listen (respectfully)	1
令	lìng	（动）	make; cause	2
流露	liúlù	（动）	(of intent or feeling) reveal; show unintentionally	2
硫黄	liúhuáng	（名）	sulfur	1
聋	lóng	（形）	deaf; hard of hearing	1
笼罩	lǒngzhào	（动）	envelop; shroud	9
旅客	lǚkè	（名）	traveler; passenger	2
落	luò	（动）	go down; fall	3
M 埋没	máimò	（动）	neglect; stifle	8
盲从	mángcóng	（动）	follow blindly	1
毛	máo	（名）	hair; feather	7
美籍华人	Měijí huárén		Chinese American	1
美滋滋	měizīzī	（形）	very pleased with oneself	2
朦胧	ménglóng	（形）	dim; hazy; obscure	9

猛	měng	（副）	suddenly	4
梦寐以求	mèngmèiyǐqiú		crave sth. so that one even dreams about it; long for sth. day and night	9
迷人	mírén	（形）	enchanting; attractive	9
迷信	míxìn	（动、名）	have blind faith in; superstition	1
蜜月	mìyuè	（名）	honeymoon	2
描写	miáoxiě	（动）	describe	9
敏感	mǐngǎn	（形）	sensitive	1
明亮	míngliàng	（形）	bright	1
明月	míngyuè		bright moon	7
明珠	míngzhū	（名）	bright pearl; lovely thing	9
磨灭	mómiè	（动）	efface; obliterate; wear away	9
抹	mǒ	（动）	wipe	4
末期	mòqī	（名）	last phase; final phase; last stage	3
莫名其妙	mòmíngqímiào		no one can explain it—indicating sth. is so strange that no one can understand it	3
默默无语	mòmò-wúyǔ		silently; without saying a word	3
默契	mòqì	（形）	tacit agreement; tacit understanding	4
拇指	mǔzhǐ	（名）	thumb	1
目不转睛	mùbùzhuǎnjīng		look with fixed gaze; regard with rapt attention	9
幕	mù	（名）	curtain; veil	9
睦邻	mùlín	（动）	remain on friendly terms with the neighbors	6
N 男士	nánshì	（名）	gentleman	3
男子汉	nánzǐhàn	（名）	man, especially one who is masculine and steadfast	2

	难以	nányǐ	（副）	hard to; difficult to	9
	脑筋	nǎojīn	（名）	brains; mind	2
	脑子	nǎozi	（名）	brains; mind	3
	闹	nào	（动）	make a noise	7
	年代	niándài	（名）	decade of a century	3
	年度	niándù	（名）	year (a yearly period fixed for a certain purpose)	4
	年纪	niánjì	（名）	(of a person) age	8
	浓厚	nónghòu	（形）	(of interest) great; keen	2
	女神	nǚshén	（名）	goddess	9
P	拍子	pāizi	（名）	beat	4
	判断	pànduàn	（动）	judge; decide	5
	盼	pàn	（动）	long for; expect	2
	赔礼	péi lǐ	（动）	admit one's mistake and ask for forgiveness	6
	批准	pīzhǔn	（动）	approve; ratify	6
	匹	pǐ	（量）	*a measure word for horses, mules, etc.*	8
	飘浮	piāofú	（动）	wave or flutter (in the wind); float	9
	平衡	pínghéng	（形、动）	balanced; balance	5
	评价	píngjià	（动、名）	evaluate; evaluation	5
	评判	píngpàn	（动）	pass judgment on; judge	5
	颇	pō	（副）	quite; rather	1
Q	奇观	qíguān	（名）	marvelous spectacle	9
	奇妙	qímiào	（形）	wonderful; fantastic	9
	气	qì	（名）	morale; spirit	3
	气急败坏	qìjí-bàihuài		flustered and exasperated; utterly discomfited	4
	气魄	qìpò	（名）	momentum; verve	9

气体	qìtǐ	（名）	gas	1
气味儿	qìwèir	（名）	smell; odor	1
千秋	qiānqiū	（名）	thousand years; ages	7
墙角	qiángjiǎo	（名）	corner of wall	1
窃窃私语	qièqiè-sīyǔ		talk in a whisper; whisper	1
亲密	qīnmì	（形）	close; intimate	2
青天	qīngtiān	（名）	blue sky	7
轻纱	qīngshā		fine gauze	9
倾吐	qīngtǔ	（动）	say what is in one's mind without reservation	4
清正	qīngzhèng	（形）	honest and upright	8
情况	qíngkuàng	（名）	situation; circumstances; state of affairs	2
请示	qǐngshì	（动）	ask for instructions	6
庆幸	qìngxìng	（动）	felicitate oneself on (an unexpected favorable outcome); rejoice	4
穷尽	qióngjìn	（名、动）	end; limit; exhaust	8
圈	quān	（名）	circle	8
权威	quánwēi	（名）	a person of authority; authority	1
缺乏	quēfá	（动）	be short of; lack	5
群山	qúnshān	（名）	hills; mountains	9
R 染	rǎn	（动）	dye	9
嚷	rǎng	（动）	shout	7
饶	ráo	（动）	forgive; spare	8
惹祸	rě huò	（动）	make trouble	6
惹事	rě shì	（动）	make trouble	5
人才	réncái	（名）	person of ability and integrity; talent	4

人家	rénjia	（代）	(*excluding oneself or a certain person*) another person; other person; (*referring to a certain person or certain persons*) he; she; they	6
人世	rénshì	（名）	human world; this world	3
任命	rènmìng	（动）	appoint; nominate	8
妊娠	rènshēn	（动）	gestation	3
日前	rìqián	（名）	a few days ago	3
荣幸	róngxìng	（形）	honored; privileged	1
如醉如痴	rúzuì-rúchī		as if intoxicated and stupefied	4
乳白色	rǔbáisè		milk white	9
S 撒	sǎ	（动）	sprinkle; spread; spill	9
塞翁失马	sàiwēng-shīmǎ		a bad thing may become a good thing under certain conditions	8
三思而行	sānsī'érxíng		(also 三思而后行) think thrice before you act	5
善意	shànyì	（名）	goodwill; good intentions	2
上任	shàng rèn	（动）	take a post; assume office	8
上市	shàng shì	（动）	go (or appear) on the market	3
稍	shāo	（副）	a little; a bit; slightly	1
哨兵	shàobīng	（名）	sentry; guard	6
哨所	shàosuǒ	（名）	sentry post	6
神仙	shénxiān	（名）	supernatural being; celestial being	8
升	shēng	（动）	rise	9
生成	shēngchéng	（动）	come or bring into being; produce	1
生怕	shēngpà	（动）	be afraid of; fear	2
声乐	shēngyuè	（名）	vocal music	4

声望	shēngwàng	（名）	prestige; reputation	1
师傅	shīfu	（名）	master worker (a qualified worker as distinct from an apprentice)	3
施肥	shī féi	（动）	apply fertilizer; spread manure (for plants)	6
湿润	shīrùn	（形）	moist (with tears)	3
十足	shízú	（形）	full; sheer	3
石头	shítou	（名）	stone	8
石油	shíyóu	（名）	petroleum; oil	3
时分	shífēn	（名）	time	3
时光	shíguāng	（名）	time	2
时刻	shíkè	（名）	moment	9
识	shí	（动）	identify	4
实践	shíjiàn	（动）	put (one's view) into practice; practice	9
实验	shíyàn	（名、动）	experiment; test	1
实在	shízài	（副）	really	7
使者	shǐzhě	（名）	(*usually referring to diplomats*) emissary; envoy	6
始终	shǐzhōng	（副）	from beginning to end; throughout	3
士兵	shìbīng	（名）	soldier	6
世纪	shìjì	（名）	century	3
视而不见	shì'érbújiàn		turn a blind eye to	5
是非	shìfēi	（名）	right and wrong; yes and no	5
手势	shǒushì	（名）	gesture	1
首屈一指	shǒuqū-yìzhǐ		come first on the list; be second to none	4
书呆子	shūdāizi	（名）	nerd; bookworm	3

	衰	shuāi	（动）	decline; fall into a decline	7
	顺从	shùncóng	（动）	be obedient to; submit to	1
	瞬间	shùnjiān	（名）	in the twinkling of an eye	3
	思忖	sīcǔn	（动）	consider	5
	思考	sīkǎo	（动）	think deeply; ponder over	1
	思想	sīxiǎng	（名）	thought; idea	2
	孙子	sūnzi	（名）	son's son; grandson	8
	所谓	suǒwèi	（形）	what is called; so-called	1
T	踏破铁鞋无觅处	tàpò tiěxié wú mì chù		you can wear out iron shoes in fruitless searching	3
	谈话	tán huà	（动、名）	have a talk; conversation	2
	探亲	tàn qīn	（动）	go home to visit one's family; go to visit one's relatives	3
	逃命	táo mìng	（动）	run for one's life; scramble for safety	8
	逃跑	táopǎo	（动）	run away	8
	桃子	táozi	（名）	peach	7
	陶醉	táozuì	（动）	be intoxicated (with happiness, etc.)	4
	提	tí	（动）	mention; talk about	2
	提供	tígōng	（动）	provide	5
	眺望	tiàowàng	（动）	look into the distance from a high place	9
	同伴儿	tóngbànr	（名）	companion	2
	童年	tóngnián	（名）	childhood	7
	吐	tù	（动）	vomit; throw up	3
	团员	tuányuán	（名）	member; group member	4
W	挖	wā	（动）	dig	8
	蔓	wàn	（名）	vine	6

往来	wǎnglái	（动）	visit each other; keep in contact	6
危急	wēijí	（形）	imminent danger; desperate situation	8
威胁	wēixié	（动）	threaten; menace	2
为时	wéishí	（动）	(of time) be too (early, late, soon, etc.)	5
未	wèi	（副）	not	3
位置	wèizhì	（名）	place; position	4
位子	wèizi	（名）	seat	5
味儿	wèir	（名）	smell; odor	1
文雅	wényǎ	（形）	(of talk and manner) elegant; refined; cultured	2
闻	wén	（动）	hear	7
无地自容	wúdì-zìróng		can find no place to hide oneself for shame; feel too ashamed to show one's face	4
无拘无束	wújū-wúshù		unrestrained; unconstrained; free and easy	1
无论如何	wúlùn-rúhé		in any event; whatever happens	2
无人问津	wúrénwènjīn		nobody troubles to ask; nobody is interested	3
无形	wúxíng	（形）	intangible	2
捂	wǔ	（动）	cover	1
X 稀	xī	（形）	thin; watery	1
稀罕	xīhan	（形、动）	scarce; uncommon; cherish	3
细心	xìxīn	（形）	careful; attentive	6
瞎	xiā	（副）	groundlessly; to no purpose; futilely	7
吓唬	xiàhu	（动）	frighten	7
掀	xiān	（动）	lift (a cover, etc.)	9

显然	xiǎnrán	（形）	obvious; clear	3
显示	xiǎnshì	（动）	show; display	4
县长	xiànzhǎng	（名）	head of a county	6
陷入	xiànrù	（动）	be lost in; be immersed in	1
献花	xiàn huā	（动）	present flowers or a bouquet	4
乡音	xiāngyīn	（名）	accent of one's native place	7
相处	xiāngchǔ	（动）	get along with (each other)	6
相见	xiāng jiàn		meet	7
相识	xiāngshí	（动、名）	be acquainted with each other; acquaintance	7
香蕉	xiāngjiāo	（名）	banana	3
向	xiàng	（介）	towards; facing	6
心怀不满	xīnhuáibùmǎn		feel discontented	5
心理	xīnlǐ	（名）	psychology; mentality	1
心态	xīntài	（名）	psychology; mentality	1
辛勤	xīnqín	（形）	industrious; hardworking	6
信任	xìnrèn	（动）	trust	5
行动	xíngdòng	（名）	action	6
行云流水	xíngyún-liúshuǐ		like floating clouds and flowing water—natural and spontaneous	4
胸怀	xiōnghuái	（名）	mind	4
羞愧	xiūkuì	（形）	ashamed	6
嗅觉	xiùjué	（名）	(sense of) smell; olfaction	1
旭日	xùrì	（名）	the rising sun	9
Y 压力	yālì	（名）	pressure	2
严肃	yánsù	（形）	serious; solemn	1
言传	yánchuán	（动）	explain in words	9

言行	yánxíng	（名）	words and deeds; statements and actions	2
研究所	yánjiūsuǒ	（名）	research institute	3
盐酸	yánsuān	（名）	hydrochloric acid	1
眼角	yǎnjiǎo	（名）	corner of the eye	5
洋溢	yángyì	（动）	be permeated with; brim with (a mood, atmosphere, etc.)	9
仰	yǎng	（动）	face upward	1
爷爷	yéye	（名）	(paternal) grandfather (*used in spoken Chinese*)	7
野兽	yěshòu	（名）	wild animal	8
一呼百应	yìhū-bǎiyìng		a hundred responses to a single call	1
一流	yīliú	（形）	first-class; first-rate	4
一扫而光	yìsǎo'érguāng		finish off; make a clean sweep of	3
一无所获	yìwúsuǒhuò		get nothing	3
一无所有	yìwúsuǒyǒu		have nothing at all; not own a thing in the world	1
一阵子	yízhènzi		a period of time; a spell	7
一致	yízhì	（副、形）	together; showing no difference; unanimous	8
依旧	yījiù	（副）	still; as before	7
依恋	yīliàn	（动）	be reluctant to leave; feel regret at parting from	9
以此为例	yǐ cǐ wéi lì		take this as an example	6
以来	yǐlái	（名）	since	2
以邻为壑	yǐlín-wéihè		do harm to a neighbor	6
议论纷纷	yìlùn-fēnfēn		all sorts of comments; widespread comment	4
异彩	yìcǎi	（名）	extraordinary (or radiant) splendor	4

异常	yìcháng	（形）	unusual; abnormal	1
抑制	yìzhì	（动）	restrain; control	1
意会	yìhuì	（动）	perceive by intuition; sense	9
意境	yìjìng	（名）	mood of a literary work or a work of art	9
毅力	yìlì	（名）	willpower; will	8
臆断	yìduàn	（动）	assume; judge according to one's subjective conjecture	5
音符	yīnfú	（名）	(musical) note	4
影子	yǐngzi	（名）	shadow	3
映	yìng	（动）	shine upon	7
优点	yōudiǎn	（名）	merit; virtue	4
由此可见	yóu cǐ kějiàn		thus it can be seen; this shows; that proves	5
有味儿	yǒu weìr		interesting	7
于事无补	yúshìwúbǔ		of no avail; of no help	2
余光	yúguāng	（名）	peripheral vision	5
愚公移山	yúgōng-yíshān		do things with dogged perseverance and fear no difficulty	8
与邻为善	yǔlín-wéishàn		build a good neighborly relationship	6
预料	yùliào	（动）	expect; predict	2
原封不动	yuánfēng-búdòng		be left intact; remain untouched	5
原谅	yuánliàng	（动）	forgive	5
圆润	yuánrùn	（形）	mellow and full	4
乐评	yuèpíng	（名）	music review	4
云朵	yúnduǒ	（名）	clouds	9
允许	yǔnxǔ	（动）	allow; permit	1

Z

赞扬	zànyáng	（动）	speak highly of; praise	6
糟	zāo	（形）	in a wretched state; in a mess	6
贼	zéi	（名）	thief	5
增添	zēngtiān	（动）	add; increase	7
展示	zhǎnshì	（动）	show; demonstrate	2
战争	zhànzhēng	（名）	war	8
章	zhāng	（量）	movement; chapter	4
照样	zhàoyàng	（副）	as before	7
真情	zhēnqíng	（名）	true feelings	3
正比	zhèngbǐ	（名）	direct ratio	1
正式	zhèngshì	（形）	formal	2
之前	zhīqián	（名）	before; ago; prior to	5
执法	zhífǎ	（动）	enforce or execute laws and decrees	8
职务	zhíwù	（名）	post; position	8
指挥	zhǐhuī	（名、动）	conductor; command	4
指挥棒	zhǐhuībàng	（名）	baton	4
指挥官	zhǐhuīguān	（名）	commander	6
指责	zhǐzé	（动）	censure; criticize	4
中老年	zhōng-lǎonián		middle and old age	2
肿	zhǒng	（动）	swollen	5
诸位	zhūwèi	（代）	(*used in addressing a group of people*) ladies and gentlemen; everyboby	1
主观	zhǔguān	（形）	subjective	5
主意	zhǔyì	（名）	idea	2
著名	zhùmíng	（形）	famous	1
专心致志	zhuānxīn-zhìzhì		be engrossed in	5

转	zhuàn	（动）	turn	3
壮丽	zhuànglì	（形）	majestic; magnificent; glorious	9
状态	zhuàngtài	（名）	state; condition	2
自以为是	zìyǐwéishì		consider oneself (always) in the right; regard oneself as infallible	5
祖父	zǔfù	（名）	(paternal) grandfather (*used in written Chinese*)	7
尊崇	zūnchóng	（动）	worship; revere; venerate	4
作曲	zuò qǔ		compose; write music (for a song)	4

专有名词

Proper Nouns

楚国	Chǔ Guó	State of Chu of the Spring and Autumn Period	6
楚王	Chǔwáng	king of the State of Chu	6
东吴	Dōng Wú	the State of Wu (222—280) of the Three Kingdoms Period	7
晋平公	Jìn Pínggōng	Jinpinggong, Monarch of the State of Jin in the Spring and Autumn Period	8
孔子	Kǒngzǐ	Confucius	8
梁国	Liáng Guó	State of Liang of the Spring and Autumn Period	6
祁黄羊	Qí Huángyáng	Qi Huangyang, a senior official of the State of Jin in the Spring and Autumn Period	8
祁午	Qí Wǔ	Qi Wu, Qi Huangyang's son	8
日观峰	Rìguān Fēng	Riguan Peak, a peak of Mount Tai on which one can enjoy the sunrise	9
上帝	Shàngdì	Lord on High (in ancient Chinese thought, a deity who watches over human society and regulates the working of the universe)	8
宋就	Sòng Jiù	a person's name	6
泰山	Tài Shān	Mount Tai, a mountain of historical and cultural significance located in Shandong Province	9
唐代	Tángdài	Tang Dynasty (618—907)	9
西北	Xīběi	northwest China, including Shaanxi, Gansu, Qinghai, Ningxia and Xinjiang	3
西岭	Xī Lǐng	Western Hills	7
解狐	Xiè Hú	Xie Hu, a person of the State of Jin in the Spring and Autumn Period	8
愚公	Yúgōng	Yugong, a character portrayed in *Liezi* who was determined to move two mountains	8
智叟	Zhìsǒu	Zhisou, a character portrayed in *Liezi* who laughed at Yugong	8

版权声明

《登攀　中级汉语教程》是一套对外汉语综合教材。本册中的部分选文来源于报纸、杂志等媒体。由于时间、地域、联系渠道等多方面的限制，部分选文使用前未能与所有权利人一一取得联系，同时因教学需要，我们对作品进行了必要的修改、调整。对此，我们深表歉意，并衷心希望得到权利人的理解和支持。另外，有些作品由于无法了解作者的信息而未署作者的姓名，也恳请权利人谅解。希望原文作者与编者联系，妥善解决版权问题。

编　者